AF474342

LES ANTIQUITÉS

DE

LA TROADE

ET L'HISTOIRE PRIMITIVE

DES CONTRÉES GRECQUES

2
46

Une portion de ce travail est extraite de la *Gazette des Beaux-Arts*,

(1875-1876).

LES ANTIQUITÉS

DE

LA TROADE

ET L'HISTOIRE PRIMITIVE

DES CONTRÉES GRECQUES

PAR

FRANÇOIS LENORMANT

PREMIÈRE PARTIE

PARIS

MAISONNEUVE ET Cᵉ, LIBRAIRES-ÉDITEURS

QUAI VOLTAIRE, 25

1876

4° 17168

LES ANTIQUITÉS

DE

LA TROADE

I.

On formerait toute une bibliothèque avec ce qui a été écrit depuis deux ans, dans des sens divers, sur les fouilles de M. Schliemann en Troade, et sur les curieuses antiquités qu'il y a découvertes. Des polémiques de toute nature se sont engagées à l'occasion de ces trouvailles. On a d'abord contesté leur authenticité; mais ces contestations, qui paraissent n'avoir pas été toutes absolument désintéressées, n'ont pas pu tenir devant un examen sérieux des faits et des objets eux-mêmes. De l'aveu de tous les archéologues compétents qui ont étudié la collection troyenne de M. Schliemann ou seulement l'atlas photographique qu'il en a publié, ces monuments ne sauraient être sujets au doute. La question du jugement à porter sur leur date et de leur relation possible avec la Troie homérique est restée davantage en suspens. C'est celle qui a fait surtout répandre des flots d'encre. Une véritable guerre d'érudition s'est engagée sur la topographie de l'*Iliade* et l'application des données du poëme aux sites de Hissarlik et de Bounarbachi, en faveur desquels se sont formés les deux camps.

Ce débat n'est pas nouveau, du reste. La question de l'emplacement de Troie était déjà très-discutée dans l'antiquité comme de nos jours. Les descendants des colons éoliens de la ville grecque qui dès sa fondation, vers le VIIe siècle avant notre ère, avait repris l'ancien nom d'Ilion, prétendaient habiter l'emplacement même de la cité de Priam. Ils montrèrent chez eux à Xerxès l'acropole de Pergame, quand celui-ci passa par leur territoire en se rendant en Grèce; et cette opinion était si bien admise à l'époque d'Alexandre que ce fut là ce qui induisit le conquérant macédonien, dans sa passion pour les souvenirs homériques, à rebâtir magnifiquement la nouvelle Ilion. Cependant, au IIe siècle avant Jésus-Christ, un écrivain originaire de la Troade, Démétrius de Scepsis, contesta cette prétention en s'appuyant à la fois sur une variante de la tradition locale et sur la difficulté de concilier les données topographiques de l'Iliade avec le site où les Éoliens avaient bâti leur ville. Strabon donna au système de Démétrius l'autorité de son approbation, et c'est celui que jusqu'à ce jour ont suivi la majorité des modernes qui se sont occupés de la topographie de la Troade.

A la fin du siècle dernier, un voyageur français, Le Chevalier, crut pouvoir déterminer avec précision le site de l'Ilion d'Homère sur la colline appelée aujourd'hui Bounarbachi, et son opinion fut adoptée presque unanimement. Elle a rallié à elle Rennel, Choiseul-Gouffier, Mauduit, Forchammer, Texier, Welcker, l'amiral Spratt, M. Curtius, et, plus récemment, elle a trouvé pour défenseurs convaincus MM. Vivien de Saint-Martin, d'Eichthal et G. Perrot; c'est, on le voit, un ensemble imposant d'autorités. Cependant M. Schliemann, en étudiant les lieux d'une manière plus approfondie que la plupart des voyageurs, qui n'avaient fait que passer, fut frappé de différents arguments qui lui parurent renverser le système de Démétrius de Scepsis et militer en faveur de la tradition des Iliéens de l'époque grecque. Il résolut donc d'entreprendre des fouilles sur une grande échelle aux deux emplacements qui se disputaient la gloire d'avoir vu le désastre de Troie. A Bounarbachi même les excavations furent stériles; il devenait évident que les hauteurs proprement désignées par ce nom n'avaient jamais été le siége d'un centre de population de quelque importance dans l'antiquité. Quant à la petite acropole située un peu en arrière sur le sommet du Balidagh, acropole fouillée un peu auparavant par le savant consul autrichien von Hahn, tout ce qu'on y trouve fut jugé par M. Schliemann ne pas pouvoir être antérieur à l'époque grecque. C'est là, du reste, une question à part, sur laquelle nous aurons l'occasion de revenir dans la suite de notre étude.

L'actif explorateur transporta ensuite ses ouvriers sur la colline de Hissarlik, plus rapprochée de la mer, et où l'on voyait les ruines considérables et incontestées de l'Ilion bâti par Alexandre et par Lysimaque. Pendant trois années consécutives il en fouilla le sol à grands frais, avec une infatigable persévérance, pénétrant à une énorme profondeur et traversant les décombres accumulés de six villes d'époques différentes qui se succédèrent sur le même emplacement, jusqu'à ce qu'il eût atteint les ruines les plus anciennes. Ces recherches, conduites avec une remarquable intelligence et dépassant de beaucoup ce qu'on eût pu attendre des efforts d'un simple particulier, finirent par être couronnées du plus magnifique succès. On est en droit de contester plus d'une des opinions de M. Schliemann et des conséquences qu'il a cherché à tirer de ses trouvailles; mais, à quelque avis que l'on se range sur ces questions controversées, les résultats obtenus dans les fouilles de Hissarlik ont une importance archéologique de premier ordre et devront être comptées au rang des plus belles découvertes faites de nos jours.

II.

La plupart des polémiques auxquelles l'interprétation de ces trouvailles a donné lieu — et ici, comme de raison, je laisse de côté certaines divagations qui n'appartiennent pas à la science, et auxquelles il est regrettable que des revues sérieuses aient donné l'hospitalité,— la plupart de ces polémiques me paraissent engagées sur un terrain tout à fait faux, en prenant pour point de départ le texte des poésies homériques.

C'est une ancienne habitude que de vanter l'exactitude topographique de l'*Iliade*, et si on se borne à prendre cette louange dans un sens large et élastique, elle est méritée. Oui, l'auteur ou les auteurs de ces chants épiques, qui vivaient dans les cités grecques de l'Asie Mineure, connaissaient la plaine de Troie et ne commettaient pas d'erreurs quand ils parlaient de ses conditions climatériques, quand ils décrivaient l'aspect du paysage et la disposition générale des lieux. Mais si l'on veut aller au delà, entrer dans la précision des petits détails et s'en servir pour déterminer exactement la position de la ville, on rencontre bien des contraditions et l'on se plonge dans des obscurités inextricables. En réalité, cette topographie homérique est fort peu claire, puisque c'est précisément elle qui a donné lieu à tant de systèmes opposés. C'est en s'appuyant sur la lettre de l'*Iliade* que l'on soutient également les droits de Hissarlik et ceux de Bounarbachi; les partisans des deux opinions ont de part et d'autre à leur service des vers tout à fait positifs; et j'ajouterai en passant qu'une portion des arguments de Le Chevalier en faveur du dernier emplacement, celui, par exemple, tiré des sources voisines du village, ne supportent pas la vérification et n'ont pu être renouvelés dernièrement que par un géographe qui n'a pas vu les lieux et n'est jamais sorti de son cabinet. C'est toujours aussi sur la lettre du texte poétique

que se fondait Démétrius de Scepsis pour soutenir une troisième opinion, plaçant Troie à l'Ἰλιέων κώμη, c'est-à-dire sur les hauteurs d'Akchi-Kieui, ou bien qu'en 1844 MM. Clarke et Parker Webb ont prétendu pouvoir défendre un quatrième emplacement, celui de Chiblak.

La manière dont on doit appliquer au terrain tel qu'il se présente actuellement les indications homériques, dépend d'ailleurs de questions profondément obscures, qui n'ont pas été suffisamment élucidées et pour lesquelles on ne saurait se passer d'un examen nouveau et approfondi du sol par un géologue ayant spécialement étudié les dépôts récents. Il s'agit avant tout de savoir quels ont pu être les changements du cours des fleuves dans la plaine, et surtout de déterminer dans quelle mesure leurs alluvions ont augmenté depuis les temps historiques l'étendue de cette plaine aux dépens de la mer. Si la côte formait autrefois un golfe profond aujourd'hui comblé, les vraisemblances sont en faveur de Bounarbachi ou d'Akchi-Kieui; si, au contraire, la ligne en a été depuis le commencement de la période géologique actuelle telle que la déterminent encore les courants des Dardanelles, il n'y aura pas moyen d'appliquer les distances indiquées par l'*Iliade* autrement qu'à l'intervalle entre Hissarlik et cette ligne du rivage, là où nous la voyons.

Et, même après que l'on aura tranché d'une manière définitive ces questions encore sans solution, l'on n'aura pas, ce me semble, atteint à la fixation de l'emplacement réel de Troie. On sera seulement parvenu, si l'on constate la précision et la concordance de tous les détails donnés par la poésie, à déterminer quel était le système qu'avait suivi le chantre de l'*Iliade*. L'antagonisme des prétentions des Iliéens de l'époque grecque et de celles dont Démétrius de Scepsis s'était fait l'écho, prouve que, dans l'antiquité, la tradition locale variait au sujet de l'emplacement de la ville fameuse détruite par les Achéens d'Agamemnon. Il est évident que les Rhapsodes avaient embrassé l'une de ces traditions diverses et que, pour eux, Troie était dans un endroit bien déterminé. Mais ils composaient leurs vers plusieurs siècles après les événements, après que des flots successifs de populations avaient passé sur le sol de la Troade, interrompu et bouleversé la chaîne des souvenirs. On ne saurait donc en bonne critique prendre les chants de l'*Iliade* pour des bulletins exacts des combats du siége d'Ilion, ni même croire que la détermination de l'emplacement visé par les vers homériques implique celle de l'emplacement authentique de la cité. Des indications de l'épopée pourraient parfaitement s'appliquer à Bounarbachi ou à Akchi-Kieui mieux qu'à tout autre endroit, et pourtant les vraies ruines de Troie exister à Hissarlik, ou réciproquement l'*Iliade* avoir eu en vue le site de Hissarlik et pourtant les débris de la cité se retrouver sur le Balidagh. Dans tout ce que l'on a écrit de part et d'autre à ce sujet, il y a une préoccupation beaucoup trop grande, et à mon avis peu scientifique, de chercher de l'histoire dans les poëmes décorés du nom d'Homère et de les prendre au pied de la lettre.

Il en est de même des rapprochements que l'on a cherché à établir entre quelques-uns des objets trouvés dans les fouilles et des ustensiles mentionnés dans l'*Iliade*. Les poésies homériques décrivent un état de civilisation tout différent de celui dont on a exhumé les vestiges des couches les plus profondes des décombres qui couvraient la colline de Hissarlik, une civilisation plus avancée, plus raffinée, qui respire déjà le sentiment le plus élevé du beau, dont la métallurgie est en possession du fer et dont les Grecs des âges postérieurs ont gardé une tradition encore fort exacte. En général, les tentatives de M. Schliemann pour interpréter d'une manière nouvelle, d'après les pièces récemment découvertes, des expressions homériques, ne me semblent pas des plus heureuses. L'explication d'Aristote pour le δέπας ἀμφικύπελλον me paraît meilleure que la sienne, et je ne peux pas plus que M. Max Müller reconnaître le κρήδεμνον homérique dans les ornements de tête en or, auxquels le savant explorateur voudrait appliquer ce nom.

D'ailleurs quelle valeur peuvent avoir aux yeux de la critique les chants de l'*Iliade* pour connaître ce qu'étaient réellement les mœurs, les usages, la civilisation de la Troie de Priam? Les auteurs de ces poésies, non plus que les Grecs d'aucune époque, n'étaient pas des archéologues, préoccupés de l'exactitude et de la couleur locale, cherchant à reconstituer le tableau du passé. Ils peignaient avec une vie merveilleuse la société qu'ils avaient sous les yeux et ne s'inquiétaient pas de savoir si celle du temps de la guerre troyenne en était ou non différente. Les descriptions de la poésie homérique ont donc un prix infini pour nous faire pénétrer dans l'état de civilisation au milieu duquel elles ont été composées, deux ou trois siècles ou même plus après l'époque historique de la chute de Troie, dans la première phase de la culture proprement hellénique. Les monuments que l'on peut considérer comme en étant contemporains sont assez nombreux, et elles en forment l'incomparable commentaire. Mais il n'y a rien à demander à ces poésies pour l'éclaircissement des objets qui représentent des phases antérieures du développement industriel, artistique et social, comme ceux découverts par M. Schliemann, ni pour la connaissance de la période précise de ce développement pendant laquelle eurent lieu le siége et la ruine de Troie.

Pour arriver à des résultats un peu certains dans l'étude des découvertes récentes de la Troade, c'est exclusivement par la méthode archéologique qu'il faut procéder. On doit d'abord les examiner en eux-mêmes et s'efforcer de préciser l'état de culture qu'ils représentent. On les comparera aux objets analogues trouvés en Chypre, à Rhodes, à Santorin et en général dans tout l'Archipel grec, de manière à déterminer leurs affinités, leurs différences, et par suite à fixer le point historique auquel ils se rapportent dans la marche de la civilisation commune à ces contrées. Enfin leur rapprochement, d'un côté avec les sculptures égyptiennes qui, à des époques chronologiquement certaines, offrent l'image des populations de la Grèce et de l'Asie Mineure, de l'autre avec les monuments des Pélopides dans la plaine d'Argos, permettra de formuler des dates approximatives, que l'on rapportera ensuite à celle de la guerre troyenne. C'est seulement ainsi que l'on peut arriver dans une certaine mesure à juger si c'est la Troie d'Homère dont on a mis au jour les débris, ou si c'est quelque ville antérieure ou postérieure.

III.

Ainsi que je l'ai dit tout à l'heure, six villes ou agglomérations d'habitations humaines se sont succédé sur la colline de Hissarlik jusqu'à la chute de l'empire romain, et leurs débris s'étagent depuis la plus ancienne jusqu'à la plus récente, formant un amas de 16 mètres d'épaisseur totale. Il a fallu descendre à cette profondeur de 16 mètres au-dessous de la surface actuelle pour retrouver le sol de la cité primitive. La couche la plus récente et la plus superficielle contient les restes de la ville dont Alexandre commença la magnificence, que Lysimaque entoura de murs, en la dotant d'un vaste théâtre, et qui subsista jusqu'aux premières incursions des Barbares en Asie Mineure. C'est à cet étage de la stratification des débris qu'a été rencontrée l'admirable métope dont la *Gazette des Beaux-Arts* publiait le dessin l'année dernière avec un savant article de M. Rayet.

Au-dessous des débris de cet Ilion des âges macédoniens et romains, on rencontre des restes de celui des colons éoliens. Une couche plus mince et beaucoup moins riche, qui ne donne guère que quelques fragments de poteries assez communes, paraît correspondre à l'époque des rois de Lydie, avant l'établissement des Grecs. Il semble que, durant cette période, l'emplacement fut presque inhabité, ou du moins qu'il n'y exista plus qu'un groupe de population très-peu important. En descendant plus bas on arrive au milieu des restes d'une civilisation tout à fait à part et exclusivement indigène, où l'on chercherait vainement une trace de l'influence des grandes cultures de l'Égypte ou de l'Assyrie.

Les fouilles ont permis de constater que la ville, dont M. Schliemann a ainsi retrouvé les débris sous l'Ilion des siècles helléniques, avait été détruite quatre fois par l'incendie sans que l'état de sa civilisation eût changé d'une manière sensible. Quatre étages de ruines, où les objets demeurent les mêmes, se superposent les uns aux autres, et toutes ces couches de décombres portent les traces manifestes de violentes conflagrations. Les quatre reconstructions ont pu, du reste, se succéder assez rapidement. Il ne faudrait pas que l'épaisseur des débris amoncelés fît illusion sur le temps qu'a demandé leur accumulation; l'importance de chacune des couches de cendres prouve seulement la quantité de bois qui avait été employée dans les constructions et qui a été dévorée par l'incendie.

On a prétendu — et quelques-uns en ont tiré des conclusions considérables — que les objets étaient d'un travail plus parfait à mesure que l'on descendait à de plus grandes profondeurs, que l'on devait donc constater une barbarie croissante à chaque reconstruction de la ville. Il y a même des savants qui ont été jusqu'à dire que ces reconstructions successives avaient probablement été l'œuvre de peuples différents. Je ne saurais l'admettre, car ce qui me frappe le plus, c'est au contraire l'unité des objets à toutes les couches une fois que l'on a dépassé celle de l'époque lydienne. Quant au fait que l'on a signalé, je trouve qu'on l'a fort exagéré. En réalité les poteries, tout en restant les mêmes, sont d'une qualité plus fine, non pas à l'étage inférieur mais au second, plus grossières ou mieux plus rustiques dans la troisième et la quatrième couche, et aussi dans la plus ancienne; c'est également dans la seconde que l'on a rencontré le plus d'objets en métaux précieux. Mais ceci s'explique si l'on remarque que le second étage de décombres est le seul où l'on constate les restes d'une ville à proprement parler, d'une ville ceinte de remparts, qui malgré sa médiocre étendue était pour l'époque une ville importante, et qui servait de résidence au chef ou au roi d'un petit peuple, dont la demeure, véritable donjon s'appuyant en partie sur les murailles de défense, dominait toutes les autres habitations. Dans la troisième couche on voit y succéder une bourgade ouverte et secondaire, dans la quatrième un simple village aux maisons entièrement faites de bois. Il n'y a donc pas besoin de supposer un recul dans la civilisation; le déclin de la localité au fur et à mesure de chaque destruction suffit à expliquer le fait qu'on a grossi. Sans que la culture du peuple ait baissé de niveau, les objets de même nature doivent être naturellement plus simples et plus grossiers dans ce qui n'est plus qu'un village, qu'ils n'étaient auparavant dans la ville où résidait le chef, et dont ce village a pris la place après une catastrophe dont le résultat avait été bien évidemment de faire changer le site de la cité royale.

Les maisons de la ville fermée (dans la seconde couche) étaient fort irrégulières de plan et leur partie inférieure était construite en petites pierres grossièrement taillées, mêlées à certains endroits de briques crues, que reliait de l'argile employée en guise de ciment. Dans l'habitation royale et dans l'enceinte, l'échantillon des pierres est seulement plus fort, comme les murailles plus épaisses, mais elles n'auraient pas résisté un seul instant au choc du bélier, engin que ne connaissaient donc ni le peuple qui a construit la ville ni ses voisins. Ce mode de bâtisse est aussi celui des bourgades de la première et de la troisième couche, mais avec plus de rusticité dans l'exécution. C'est également de la même manière que sont construites les habitations des villages enfouis sous les déjections de tuf ponceux produites par la grande éruption finale du volcan primitif de Santorin, véritable Pompéi préhistorique exploré par deux de nos compatriotes, M. Fouqué et M. Gorceix, qui en font remonter la date entre 2000 et 1800 ans av. J.-C. Nous aurons à revenir plusieurs fois sur la comparaison entre ces antiquités de Santorin et celles de la Troade.

On a constaté le rôle considérable que jouait la charpente de bois, grossièrement taillée et reliée exclusivement par des chevilles également en bois, dans les habitations préhistoriques de Santorin. Il en était de même dans la ville dont les vestiges ont été découverts à Hissarlik. Toute la partie supérieure des maisons, qui semblent avoir eu au moins un premier étage, était en bois. C'était aussi le cas de la demeure royale, dont l'élévation en bois devait être assez considérable. Les murs mêmes de l'enceinte n'étaient en pierre que jusqu'à une assez faible hauteur; des tours de bois les couronnaient et semblent avoir été reliées entre elles par de puissants hourdages. Ce sont tous ces bois qui ont produit les masses de cendres et de charbons sous lesquelles sont enfouis les restes de maçonnerie. Ces faits, que l'on a pu constater d'une manière positive, nous placent au milieu des usages particuliers et proprement indigènes des anciennes populations de l'Asie Mineure. A la belle époque grecque, ils ne s'étaient conservés que dans les montagnes voisines de Trapézonte, chez le petit peuple des Mossynœques, demeuré fidèle aux vieilles mœurs et à la barbarie primitive, comme du temps d'Hérodote il y avait à l'intérieur de la Thrace et de la Macédoine des peuplades qui vivaient encore dans des villages lacustres, pareils à ceux de la Suisse, tandis que les colonies helléniques, dans leur pleine fleur de civilisation, couvraient déjà les côtes. Les Mossynœques étaient ainsi nommés, nous dit-on, d'après les tours de bois qu'ils habitaient et désignaient dans leur langue par le mot *mossyn*. Xénophon, dans son *Anabase*, décrit avec une précision technique la petite ville royale d'une des tribus de ce peuple que les Dix-Mille durent emporter de vive force sur leur passage ; il la montre avec ses remparts et ses maisons de bois groupées dans un étroit espace et dominées par le *mossyn* ou donjon de bois du chef, qui servait de réduit. Sa description cadre trait pour trait avec les ruines trouvées dans la seconde strate de décombres à Hissarlik, de même que les indications qu'il fournit sur le mobilier des habitations mossynœques coïncident fort exactement avec les ustensiles exhumés des mêmes ruines. Il devient donc évident que ce peuple immobilisé dans ses montagnes gardait un type d'habitations agglomérées et fortifiées qui avait été autrefois commun à toutes les populations du nord-ouest de l'Asie Mineure, et que le *pergamos* primitif de la Troade et de la Phrygie, dont M. Schliemann nous a rendu un exemple, était pareil au *mossyn* des Mossynœques. Ceci s'accorde très-bien avec son nom même de *pergamos*, qui est certainement apparenté au grec πύργος « tour », macédonien βύργος, au gothique *baurgs* (allemand *burg*) et à l'ancien irlandais *brugh*.

IV.

Le peuple qui a laissé de nombreux vestiges de son existence dans les quatre couches inférieures de l'énorme amoncellement de décombres fouillé jusqu'au sol vierge par M. Schliemann était loin d'avoir encore renoncé aux usages de l'âge de la pierre ; on peut même dire qu'il en était à la transition de cet âge à celui du métal. La pierre polie et assez finement travaillée formait avec les os taillés la majeure partie de ses armes et de ses outils ; mais c'était par économie et par un reste d'anciennes habitudes, car il travaillait déjà les métaux et il employait des armes et des outils en bronze à côté de ceux de pierre. Ces objets étaient ouvrés sur place, comme l'ont prouvé les nombreux creusets de fondeurs que l'on a trouvés, ainsi que des dépôts de minerai de fer et de plomb. C'était donc un peuple métallurgiste, qui mettait en œuvre par le moyen de la fonte le cuivre, l'or, l'argent et l'électrum, alliage d'or et d'argent (avec une proportion de 20 à 30 0/0 de ce dernier métal) que donnaient naturellement les lavages des sables de certaines rivières de la Lydie. Il fondait aussi le plomb, mais il semble l'avoir préparé seulement pour un commerce d'exportation sans en faire usage lui-même ; car on n'a trouvé ce métal qu'en petits lingots d'une forme hémisphérique irrégulière. En même temps il travaillait de la même façon que la pierre, sans les faire passer à la fonte, certains minerais qui lui paraissaient plus faciles à tailler, comme le sulfure de cuivre ou *chalcosine*, qu'il façonnait en pierres de fronde. Mais il ne connaissait encore en aucune façon le fer. C'était en même temps un peuple agriculteur, qui employait déjà la meule de deux pierres emboîtées, l'une convexe et l'autre concave, tournant l'une sur l'autre pour moudre le grain. On a supposé aussi que chez lui l'industrie du tisserand avait un grand développement; mais rien n'est moins prouvé que l'application au métier à tisser des fusaïoles de terre cuite dont on a trouvé des quantités si considérables.

Le bronze se présente principalement sous forme de bassins (je ne suis pas sûr que l'objet où M. Schliemann voit un bouclier ne soit pas plutôt un grand plat creux), de haches très-allongées et de poignards. Ces armes sont exactement des mêmes types que les plus anciennes que l'on rencontre en Chypre, le grand pays de production du cuivre dans le bassin oriental de la Méditerranée, qui donna même son nom à ce métal (Κύπρος, — *æs cyprium* — *cuprum*). La composition de l'alliage métallique y est très-variable. Dans fort peu de pièces elle s'approche des proportions qui constituent le bronze que l'on peut appeler normal, avec 10 à 15 0/0 d'étain; elles en offrent alors de 7 et demi à 9 0/0. Le plus grand nombre des objets contiennent si peu d'étain qu'on les a crus d'abord en cuivre pur; mais les analyses de M. Damour y ont pourtant constaté un certain mélange d'étain, lequel ne s'élève pas même à 4 0/0. C'est trop peu pour donner une résistance suffisante au métal, qui se plie et s'entame avec une extrême facilité. L'emploi d'un aussi mauvais alliage pour faire des armes, à côté de pièces fondues dans de meilleures conditions, détermine clairement une phase particulière dans le développement de la métallurgie. C'est le passage d'une période d'emploi du cuivre pur à celle de la fabrication du bronze parfait, marquée par les tâtonnements d'un peuple à qui l'exemple de nations plus avancées dans cette branche des arts a fait connaître la nécessité de l'alliage d'étain, mais qui ne s'est pas encore rendu complétement maître des procédés et cherche les meilleures proportions d'alliage sans les avoir trouvées.

L'âge du cuivre pur, précédant celui du bronze, dont sortaient à peine les populations dont on a déterré les monuments à Hissarlik, n'a pas existé dans tous les pays. Mais il paraît bien qu'il y en a eu un en Grèce et en Asie Mineure. M. Gorceix en a positivement constaté l'existence à

Santorin; M. Finlay et moi-même nous en avons retrouvé des vestiges en Attique. Les phases successives du progrès de la métallurgie se développèrent en Grèce d'une manière particulière. Les tribus aryennes qui peuplèrent ces contrées ne paraissent avoir eu presque aucune connaissance des métaux à l'époque de leur arrivée. Nous en avons l'indication par leur langage, où les noms des métaux ne sont pas ceux que l'on retrouve chez les autres peuples de même race et qui sont communs à tous, mais se montrent pour la plus grande partie empruntés à des sources étrangères. Ainsi χρυσὸς, « l'or », est le sémitique *hharouts* et a été manifestement apporté par les Phéniciens. Le nom même de la mine et du métal en général, μέταλλον, est le sémitique *matal*. On ne trouve pas d'étymologie aryenne satisfaisante à χαλκὸς, « le bronze », tandis que ce mot est en relation toute naturelle — et c'est là une donnée acceptée par des philologues aussi difficiles que M. Renan — avec la racine sémitique *hhalaq*, indiquant le métal travaillé au marteau. L'origine du nom de χαλκὸς semblerait ainsi indiquer la source d'où les populations gréco-pélasgiques reçurent la connaissance du véritable alliage du bronze, après un premier âge du cuivre pur et un certain nombre de tâtonnements pour trouver la proportion d'étain qu'il fallait y mélanger, tâtonnements qui avaient dû résulter du désir d'imiter des modèles de métallurgie plus perfectionnée, apportés probablement d'une autre direction.

J'ajoute que le fait seul d'avoir eu de l'étain pour l'allier au cuivre dans des proportions plus ou moins heureuses prouve un commerce extérieur chez le peuple dont nous étudions les vestiges. L'étain est l'un des métaux que l'on trouve le moins généralement répandus dans la nature. A Hissarlik, les deux points les plus rapprochés d'où l'on pouvait en faire venir le minerai étaient le Caucase et la Crète, où l'on en rencontre des gisements dans les montagnes de Sphakia. J'incline à croire à la provenance crétoise, comme plus rapprochée. D'ailleurs il est positif qu'il y a eu dès les temps primitifs un certain intercourse maritime, par le moyen d'un cabotage encore rudimentaire, d'île en île et de cap en cap, entre les populations dont la civilisation était la même et qui s'étendaient alors depuis Chypre jusqu'à la Troade.

V.

L'or, dans les découvertes de Hissarlik, forme des bijoux très-multipliés. On en a trouvé une véritable masse, avec des vases en métaux précieux, dans ce dépôt originairement enfermé dans une caisse de bois abandonnée au milieu de l'incendie de la ville fortifiée, que M. Schliemann se plaît à appeler le « trésor de Priam ». On en a aussi rencontré d'épars

sur différents autres points, et depuis la cessation des fouilles régulières un nouveau groupe de bijoux, trouvé par des paysans, a donné lieu à un

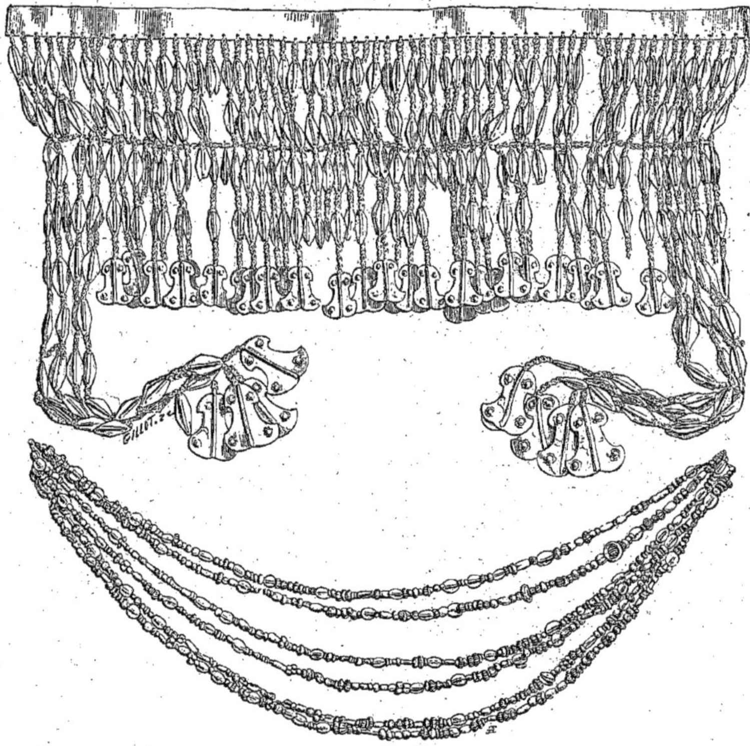

BOUCLE D'OREILLE, ORNEMENT DE TÊTE ET COLLIER EN OR.

procès devant la justice turque. Ces joyaux sont d'une fabrication très-rudimentaire, bien plus primitive qu'aucun de ceux que l'on a jusqu'à présent trouvés en Chypre ou dans les parties les plus anciennes de la nécropole de Camirus. On y remarque des colliers à plusieurs rangs, composés de perles d'or guillochées et très-irrégulières de forme et de dimensions, puis des ornements de tête de femme, d'une élégance barbare mais réelle, offrant un bandeau d'or auquel sont attachées des pendeloques descendant sur le front comme une série de franges, tandis que de plus longues pendeloques, formant comme de gros glands, accompagnaient les deux côtés du visage ; c'est cette dernière parure que M. Schliemann voudrait appeler *credemnon*. Il y a aussi des bracelets très-simples,

formés d'un gros fil d'or, quelquefois tordu ou guilloché, faisant une ou plusieurs fois le tour du bras. Les boucles d'oreilles, encore plus multipliées, se composent d'un enroulement en spirale, qui semble avoir été

VASES D'ÉLECTRUM ET D'ARGENT.

obtenu en battant simplement au marteau une pépite d'or, sans la faire fondre. On a trouvé les pareilles à Santorin, sous la couche de tuf ponceux.

Il y a plus d'art et d'industrie réelle dans les vases en or, en électrum ou en argent; le métal y est travaillé avec habileté, les formes ont une grande netteté de galbe. Nous en offrons comme échantillons un gobelet d'électrum et un vase d'argent à couvercle, tous deux côtelés et entièrement travaillés au marteau, puis une coupe d'or en forme de nef, à deux embouchures, fondue, avec les anses creuses et également fondues, rattachées au corps du vase par une soudure. La collection Schliemann renferme un certain nombre d'autres vases d'or et d'argent, de formes diverses, travaillés pour la plupart au marteau, et des sortes de tuiles d'électrum, dont l'aspect rappelle la description donnée par Hérodote, des tuiles d'or et d'électrum que Crésus avait dédiées dans le temple de Delphes. Mais ces dernières avaient toutes un poids égal et par suite une

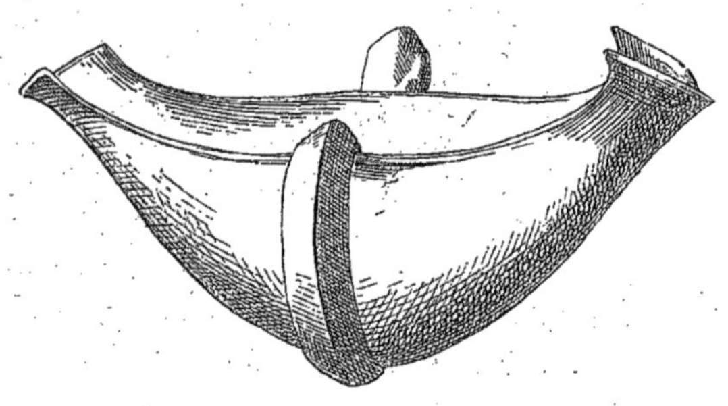

COUPE D'OR EN FORME DE NEF.

valeur exacte, tandis que dans celles de Hissarlik on remarque une variation de poids qui semble indiquer chez le peuple dont elles sont l'œuvre l'absence d'un système pondéral régulièrement constitué. Je ne suis pas convaincu, du reste, que tous les vases en métaux précieux trouvés dans les fouilles de la Troade doivent être rapportés à une fabrication locale. Il en est quelques-uns qui révèlent une métallurgie plus savante et plus sûre de ses procédés, que je ne serais donc pas éloigné de croire importés de l'extérieur. Ils viendraient de chez les peuples célèbres dès la plus haute antiquité pour leurs travaux métalliques, qui habitaient à quelque distance dans l'est et le nord-est, soit les Chalybes, soit les Moschiens et les Tibaréniens alors maîtres de toute la Cappadoce. Je serais particulièrement disposé à attribuer cette origine à la coupe d'or en forme de nef et à un vase d'argent, qui est aussi d'un très-bon travail et qui offre l'alliage heureusement combiné de 5 parties de cuivre avec 95 d'argent, de manière à donner plus de résistance au métal. Les vases analogues de fabrication proprement locale semblent en argent pur.

Quoi qu'il en soit, du reste, un fait doit frapper chez le peuple dont on trouve ainsi les reliques : c'est le contraste entre le peu de développement de son industrie et de son outillage et l'abondance de vaisselle d'or et d'argent qu'il possédait; c'est en un mot sa richesse en métaux précieux dans un état très-barbare. La chose est presque comparable à ce qui existait au Mexique et au Pérou avant l'arrivée des Espagnols. Mais il ne faut pas oublier qu'on est dans le pays même où la mythologie plaçait le siége de la légende de Midas et de ses trésors, que la Troade touche presque à la vallée du Pactole, si fameux par ses alluvions aurifères, enfin que cette région de l'Asie Mineure était un véritable Eldorado pour l'imagination des plus anciens Grecs.

VI.

Je passe à l'étude de la poterie. Elle est exclusivement à la main, sans emploi du tour. Elle ne porte ni peintures ni vernis d'aucune sorte. On la faisait avec une argile qu'on ne prenait pas encore le soin de débarrasser des petits cailloux qui s'y trouvaient mêlés, et on la lustrait par un lissage opéré au moyen d'un polissoir de pierre dont on a rencontré de nombreux spécimens. L'argile ocreuse a pris à la cuisson une couleur rouge, brune, jaunâtre ou grise, suivant le degré d'ardeur du feu et son action sur l'oxyde de fer qu'elle contenait. Ailleurs la pâte est noire et en ce cas d'un lustre plus brillant; les vases de ce genre ont été cuits dans des fours ayant très-peu de tirage, où l'on brûlait un bois résineux, donnant beaucoup de fumée qui s'incorporait à la pâte et tombait à la surface en poussière charbonneuse fine, fondant avec l'argile. La nature de la pâte et les procédés de fabrication sont les mêmes, ainsi que les formes et les motifs généraux de décoration, dans les plus anciennes poteries de Chypre, de Rhodes, de Santorin et en général de tout l'Archipel; dans les portions primitives de la nécropole de Camirus on a recueilli aussi les polissoirs à main en pierre porphyrique qui servaient à lisser les vases; le Musée britannique en possède plusieurs échantillons. Il y a plus, la fabrication de ces poteries lustrées par le polissage, rouge-brun ou noires à volonté, par un changement de disposition du four et de nature du combustible, se continue encore de nos jours en Chypre, par une tradition qui remonte à plusieurs milliers d'années; seulement elles se font au tour et la pâte en est aujourd'hui très-fine, l'argile étant soigneusement décantée.

Il faut, du reste, distinguer plusieurs classes dans les céramiques primitives de la Troade, la nature de la pâte et du travail restant toujours la même, et ces diverses classes ont leurs analogues dans les fabrications les plus anciennes des pays où nous cherchons nos points de comparaison.

Ce sont d'abord les vases, toujours d'une forme arrondie avec un

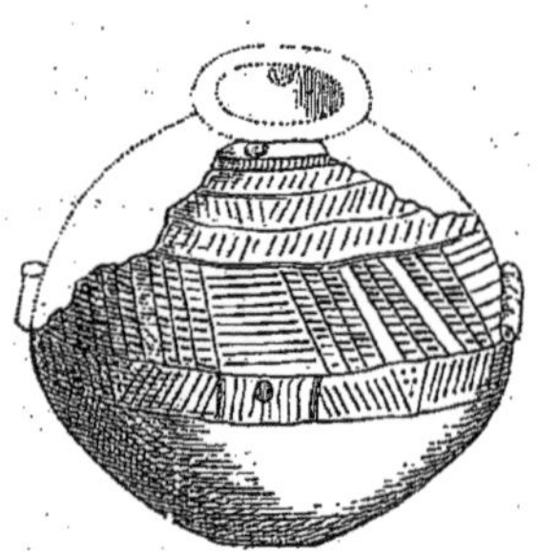

col plus ou moins allongé et de petites anses ou deux poignées rudimentaires à la panse, souvent portés sur trois petits pieds, dont la surface a

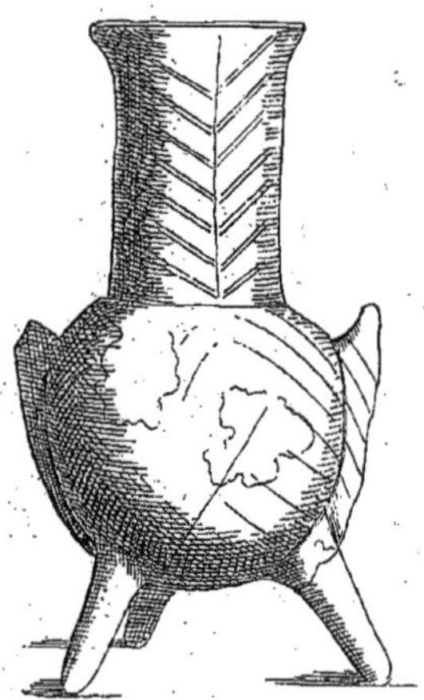

POTERIES LISSÉES ET INCISÉES.

été plus particulièrement polie et décorée au moyen d'incisions dans la pâte fraîche, tracées d'une main fort peu sûre et dessinant des zones, des chevrons et des compartiments. Quelquefois la surface du vase ainsi décoré a été frottée après la cuisson d'une argile blanchâtre que les incisions ont retenue et qui les fait ressortir en blanc sur le fond brun ou

noir. On a rencontré les pareils à Chypre et à Santorin. Le système d'ornementation de ces poteries est exactement conforme, comme principe et

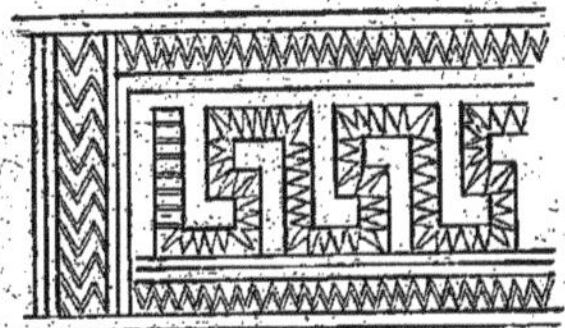

comme données essentielles, à celui de l'ornementation des plus anciens vases peints, qui représentent un progrès considérable dans l'art du potier

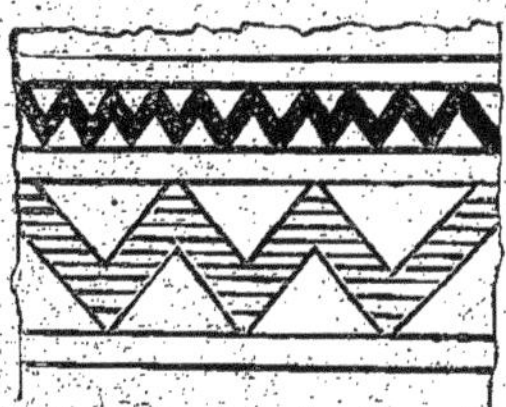

DÉCORS DES VASES PEINTS PRIMITIFS DE L'ARCHIPEL.

et qui apparaissent d'abord dans les îles les plus méridionales de l'Archipel, à Santorin et à Milo, puis se montrent dans les tumulus de la

Lydie, à Athènes, à Mycènes et sur plusieurs autres points du continent grec. Les vases simplement incisés, et non peints, comme ceux de Hissarlik, représentent les premiers essais de cette méthode de décoration toute géométrique, dont nous empruntons ici quelques spécimens aux vases peints primitifs, à titre d'éléments comparatifs. On sait que ce sys-

VASE PERCÉ DE TROUS.

tème très-particulier de décor est aussi celui qui caractérise les objets de l'âge de bronze dans nos contrées occidentales et dans le nord de l'Europe ; c'est un côté de la question sur lequel nous aurons à revenir.

D'autres vases sont percés dans leur totalité, comme une écumoire, de petits trous pénétrant jusqu'à l'intérieur. C'est dans les produits des

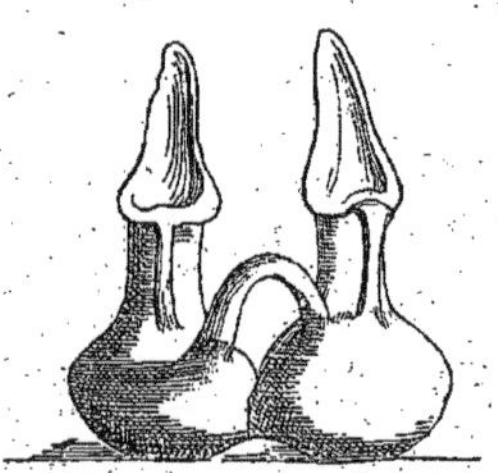

POTERIE UNIE SANS DÉCOR.

fouilles de Chypre que je remarque les similaires. On dirait qu'ils ont dû servir à confectionner et à faire égoutter une sorte de fromage mou.

Mais la grande majorité des poteries de Hissarlik n'offrent ni trous ni décors incisés. Elles sont, dans ce cas, en général plus grossières encore que dans la première classe et moins bien polies. Ce sont les vases communs, et ils ont particulièrement une étroite analogie avec les poteries italiotes primitives du Latium et du Picenum, surtout avec celles que l'on découvre sous les laves du mont Albain. Ces dernières, du reste, présentent quelquefois des zigzags et des essais de grecques incisés, qui ont été remplis après la cuisson d'une argile blanchâtre ou rouge; les séries les plus riches que j'en connaisse en dehors de l'Italie sont celle qui est entrée au Musée Britannique avec la collection Blacas et celle du Musée Fol à Genève.

Les formes des poteries unies des ruines troyennes sont en général

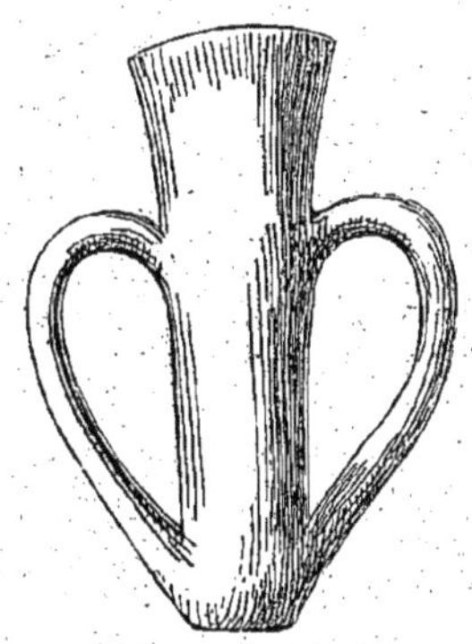

peu variées et assez rudimentaires. Il en est peu qui aient une certaine élégance, sauf celle de la petite œnochoé basse à bec allongé en l'air, dont on rencontre quelquefois deux conjuguées, avec une troisième anse

POTERIES UNIES, SANS DÉCOR.

qui relie les deux panses juxtaposées. Un type très-multiplié est celui d'un gobelet profond et allongé comme un verre à vin de Champagne, avec deux grandes anses latérales; ajoutez-y le pied qui permettra de le faire tenir debout et n'obligera plus à le renverser sur l'embouchure pour le poser d'une manière stable, vous aurez le point de départ du canthare grec. Quelquefois le vase imite grossièrement la forme d'un quadrupède à pattes courtes, avec une petite tête modelée en saillie à l'extrémité opposée à celle où est le goulot, remplaçant la queue, et une anse en dessus. On peut ici trouver l'origine de l'*ascos* des temps postérieurs.

Comme échantillon d'une poterie de qualité plus fine, presque sans décor incisé, remarquable par sa forme et par ses dimensions, et semblant

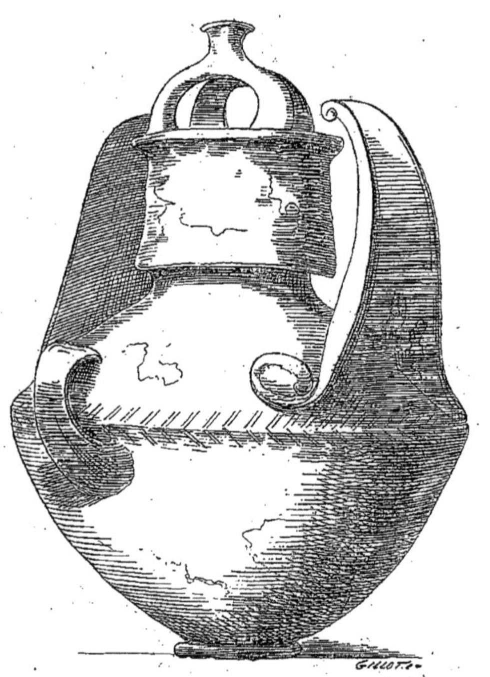

VASE TROUVÉ DANS L'HABITATION ROYALE.

imiter un modèle en métal, nous plaçons encore sous les yeux du lecteur le dessin d'un grand vase trouvé dans la seconde couche des décombres au milieu des ruines de l'habitation du chef ou roi de la peuplade.

Inscription des fusaïoles développée.

à lire de gauche à droite.

Ecriture cypriote:

ta y ou à σ si go ou po σ

Inscription du vase n° 3273, d'après M. Schliemann:

à lire de droite à gauche.

Ecriture cypriote:

σ go ou po si i ? ti Ka ti ti an (?)

VII.

Il faut traiter à part de la catégorie la plus originale et la plus en dehors des analogies habituelles parmi les vases découverts à Hissarlik. Je veux parler de ceux dans lesquels les vieux potiers de la Troade ont cherché à imiter grossièrement une figure de femme. On voit en effet un visage indiqué par un pastillage en relief sur la partie supérieure du col, qui représente la tête, et en bas duquel est quelquefois l'indication d'un collier. Sur la panse, d'autres pastillages marquent d'une façon non moins rudimentaire deux seins et plus bas un nombril. Quelquefois les deux pointes dirigées en l'air d'un grand croissant

COUVERCLES DE VASES A FIGURE HUMAINE.

partent des deux côtés de la partie supérieure du corps du vase, au-dessus de deux petites anses, et semblent, dans l'intention du potier, avoir dû accompagner le buste de la figure de femme, en se montrant derrière ses épaules. Dans d'autres cas le visage n'est pas modelé sur le col même, mais sur un couvercle qui s'y emboîtait.

Ce sont là, de toutes les antiquités trouvées dans les fouilles, celles sur lesquelles on a le plus disserté. M. Schliemann a cru reconnaître sur ces vases et sur quelques rudes petites idoles de pierre des faces de chouette, opinion qu'ont acceptée M. Émile Burnouf et M. Ravaisson, mais qui n'a pas rallié d'autres adhérents parmi les archéologues. Partant de là, ces images à têtes de chouette que l'ingénieux explorateur finit par voir un peu partout parmi les objets sortis du sol de Hissarlik, il nous les donne comme le type de représentation d'Athéné Ilias, la déesse protectrice de la ville de Priam. Pour lui, contrairement aux idées généralement admises, l'Athéné γλαυκῶπις a dû être originairement, non une déesse « aux yeux bleus », de la couleur du ciel lumineux qu'elle personnifie, mais une déesse « à face de chouette », de même Héra, Βοῶπις, une déesse « à la face de vache » et non plus « aux grands yeux » largement ouverts comme ceux d'une génisse.

Cette idée, que Benjamin Constant avait déjà exprimée, est une des thèses favorites de M. Schliemann. De la part de quelques personnes elle a soulevé de véritables tempêtes. Elle leur a paru une sorte de crime de lèse-hellénisme. Que les Grecs aient pu, à une certaine époque,

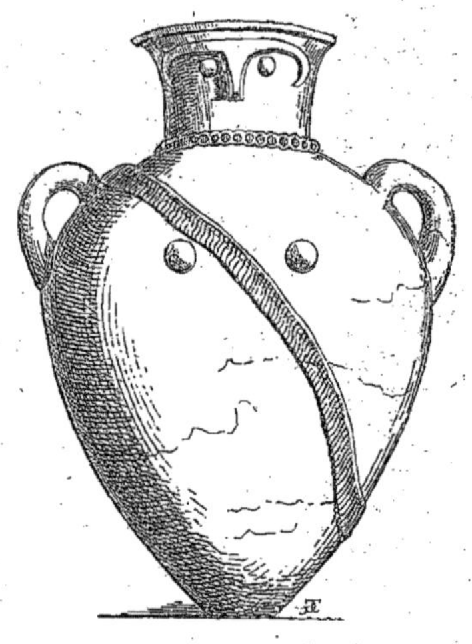

VASE A FIGURE HUMAINE.

concevoir dans leur imagination des dieux à têtes d'animaux comme ceux de l'Égypte et certains de ceux de l'Asie, c'est une chose qui heurtait trop certaines théories esthétiques préconçues sur le génie de leur race, lequel n'aurait, disait-on *a priori*, admis dans certaines figures le mélange des formes animales et humaines qu'en réservant toujours à l'humanité la tête, la partie la plus noble, le siége de la pensée.

Je dois dire que ce genre d'arguments, d'une philosophie plus ou moins creuse, me touche fort peu, et qu'à mes yeux il doit céder la place à la réalité de l'observation archéologique. L'idée d'une Athéné primitive à tête de chouette ou d'une Héra à tête de vache, comme l'Hathor égyptienne ou certaines formes de l'Astarté syro-phénicienne, n'a rien qui me scandalise et me paraisse impossible. Il y a bien quelque difficulté philologique à ce que des épithètes comme γλαυκῶπις ou βοῶπις s'appliquent à un aspect de la face plutôt que l'œil. Cependant il me semble qu'on l'a exagérée et que, par exemple, quand Empédocle, dans un vers célèbre, qualifiait la lune de γλαυκῶπις, il faisait allusion à l'apparence de la face lunaire et non pas à un œil.

D'ailleurs, des exemples monumentaux tout à fait positifs nous prouvent que les Grecs des âges les plus anciens, qui copièrent leurs premières œuvres d'art sur des modèles asiatiques, puisèrent dans ces modèles et représentèrent à leur tour des figures à têtes d'animaux sur des corps humains. M. Newton a signalé une figurine provenant de Chypre, qui montre une femme à tête de bélier, probablement une Aphrodite. Sur un vase peint archaïque de Camirus, au Louvre, on voit

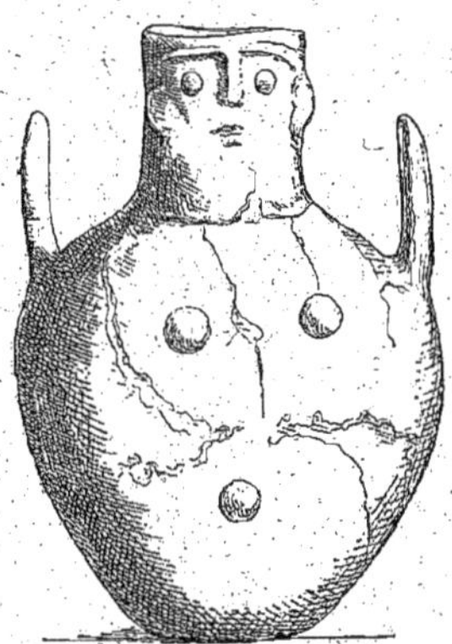

VASE A FIGURE HUMAINE.

un homme à tête de lièvre. Quand Onatas, le grand sculpteur d'Égine, qui vivait au commencement du ve siècle avant Jésus-Christ, exécuta pour les gens de Phigalie la statue de leur Déméter Mélæna, il copia fidèlement, d'après une peinture, le type consacré de l'ancien simulacre de cette déesse, qui avait l'apparence monstrueuse. Il mit donc sur les épaules de son corps de femme une tête de cheval, accompagnée de serpents et d'autres monstres. Le livre des *Philosophumena* nous a conservé la description d'une des peintures symboliques qui décoraient le sanctuaire de famille de la race sacrée des Lycomides, à Phlya en Attique, peintures que le grand Thémistocle avait fait restaurer et à l'explication desquelles Plutarque avait consacré un traité; on y voyait un vieillard ailé et ithyphallique qui poursuivait une femme à tête de chien. Hérodote nous dit que l'on donnait quelquefois à Pan la face comme les pieds d'un bouc, et cette assertion est confirmée par une statuette de bronze, découverte dans le Péloponèse et conservée à Saint-Pétersbourg.

Le Minotaure, qui est originairement le Baal-taureau de l'ancien culte phénicien de la Crète, — garde toujours sa tête d'animal dans les œuvres des plus beaux temps de la sculpture grecque. Une cylix peinte à figures rouges de la meilleure époque, que l'on voit au Cabinet des médailles dans la collection de Luynes, montre Dionysos-Zagreus enfant, sur les genoux de sa mère Perséphoné; il a une tête de taureau comme un petit Minotaure.

Ce n'est donc pas la notion d'une Athéné à tête de chouette qui m'ar-

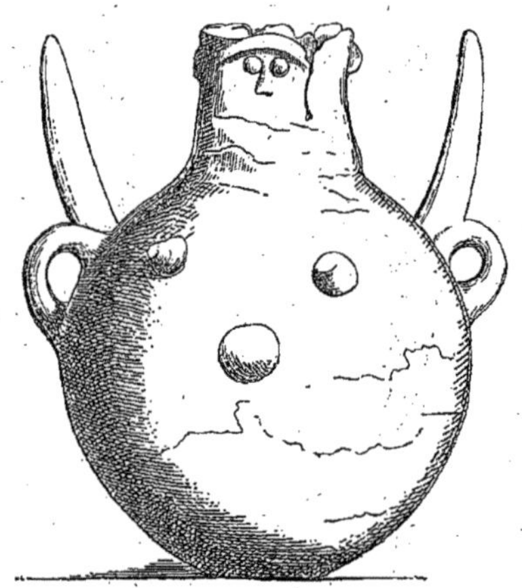

VASE A FIGURE HUMAINE.

rête et qui m'empêcherait d'accepter la théorie de M. Schliemann, d'autant plus qu'il ne s'agirait pas ici d'œuvres grecques à proprement parler, mais de l'Asie Mineure. Toute la question pour moi est de savoir s'il y a réellement des têtes de chouette aux vases et aux idoles de Hissarlik. Or c'est là ce que je ne puis concéder à cet infatigable chercheur. Dans un autre article je donnerai des échantillons des idoles. Pour le moment je m'en tiens aux vases, et les exemples que j'en ai fait reproduire prouvent clairement, je crois, que ce qu'ils portent est une face humaine grossièrement représentée. La bouche et les oreilles sont trop nettement indiquées dans un bon nombre d'exemplaires pour laisser place au doute. Il est vrai que quelquefois la bouche est omise et le nez prend l'apparence d'un bec; c'est là ce qui a donné l'idée d'un masque de chouette.

Mais il est conforme à la saine méthode d'expliquer l'incomplet par le complet, et non le complet par l'incomplet. On comprend parfaitement comment, dans des pastillages aussi rudimentaires, on a pu à plusieurs reprises négliger la bouche pour ne marquer que le nez avec les sourcils et les yeux dans une face humaine; mais il serait impossible d'admettre que l'on eût tant de fois ajouté une bouche à une face de chouette. Sur un vase peint primitif d'Athènes, qui a été publié il y a deux ans dans le grand recueil de l'Institut Archéologique de Rome et qui retrace une scène de funérailles, toutes les figures semblent au premier aspect avoir des têtes d'oiseau; c'est là simplement le résultat de la maladresse et de l'inexpérience du décorateur, de son incapacité à bien représenter la tête humaine.

D'ailleurs, la question est tranchée définitivement par un vase provenant de Chypre, que MM. Rollin et Feuardent avaient envoyé à l'Exposition des Alsaciens-Lorrains et que M. de Longpérier a signalé à l'Académie des Inscriptions. Il continue fidèlement la tradition du type des anciens vases de la Troade; mais il est d'une époque plus récente, modelé par une main bien autrement savante et déjà décoré de peintures. Or il n'est pas possible de contester cette fois que la tête qui décore la partie supérieure du col ne soit purement et simplement une tête humaine.

Au reste, si Chypre n'a pas encore donné de poteries de ce modèle aussi anciennes que celles de Hissarlik, on y voit les vases imitant les formes de la femme et surmontés d'une tête, se continuer jusqu'à une époque où l'art grec avait atteint une floraison déjà remarquable, jusqu'à la dernière limite de l'empreinte de l'archaïsme, dans le commencement du ve siècle. C'est alors qu'ont été fabriquées ces charmantes œnochoés aux reliefs peints, dont on a d'assez nombreux exemples, où une tête de femme couronnée de roses, avec de riches pendants d'oreilles et de longs cheveux, soutient l'embouchure, tandis que des parures décorent le col et que les seins sont encore indiqués à la partie supérieure de la panse. Tel est le dernier terme de perfectionnement du type céramique dont nous avons en Troade le point de départ encore si grossier.

VIII.

C'est par milliers que l'on a trouvé à Hissarlik, dans les quatre couches de décombres remontant à l'ancienne population, les fusaïoles de terre cuite. On appelle ainsi, à cause de leur ressemblance avec des pesons de fuseau, des objets de forme lenticulaire fortement renflée ou trochoïde, percés au centre d'un gros trou, dans lequel on rencontre quelquefois les vestiges d'une broche en bois. Les pièces du même genre sont aussi très-multipliées dans les terramares de l'Italie septentrionale. On a fait beaucoup de conjectures au sujet de leur destination, les rapportant à des fuseaux, à des métiers à tisser, armant d'une sorte de poignée de ce genre le bâton (en sanscrit, *pramantha*) que l'on faisait tourner entre les deux mains dans un autre morceau de bois creusé, dans l'*arani* ou appareil à produire le feu des Aryas primitifs, ou bien supposant qu'elles pouvaient être attachées au bas de nattes ou de tentures fermant les portes et les fenêtres des habitations de ces époques reculées, de manière à les faire tomber exactement et à les empêcher de battre à tous les vents. Il est certain que, dans les civilisations indigènes de l'Amérique, des objets assez analogues avaient ce dernier usage. Mais pour les fusaïoles le plus sage est jusqu'à présent de reconnaître qu'on ne sait encore rien de leur application pratique.

Quoi qu'il en soit, presque toutes celles de la Troade, comme beaucoup de celles de l'Italie, sont décorées à leur partie supérieure de dessins en creux, disposés autour du trou central. Ici ce sont des rayons plus ou moins compliqués, souvent quatre en croix, quelquefois beaucoup plus, qui partent de ce trou comme du disque d'un astre. Ailleurs un cercle de pétales en fait une fleur radiée. D'autres fois ce sont des cercles d'ornements géométriques comme ceux des vases incisés. Enfin beaucoup de ces fusaïoles offrent des séries d'images ou de symboles tracés avec une extrême grossièreté : la croix gammée, que l'on a assimilée au *svastika* de l'Inde, symbole dont l'intention originelle était de représenter l'*arani;* des soleils rayonnants, des étoiles; un cercle avec un point au centre, qui paraît aussi une manière de représenter le soleil; un arbre chargé de feuilles ou un rameau plusieurs fois répété; des quadrupèdes, parmi lesquels on semble distinguer, malgré l'incroyable barbarie du dessin, réduit à quelques traits, le cerf, la chèvre, le lièvre, le chien; quelques figures humaines mêlées à ces quadrupèdes et d'une nature aussi rudimentaire.

Les mêmes figures se voient aussi gravées sous le plat de cônes allongés en terre cuite, où les traits incisés sont, comme sur quelques-uns des vases, remplis d'une argile blanchâtre destinée à faire ressortir le dessin sur le fond rougeâtre. Sur cette dernière classe d'objets, avec le *svastika*, les symboles que l'on peut appeler stellaires sont encore plus multipliés. Un peu d'imagination y ferait sans beaucoup de peine retrouver des images grossières de constellations ou les emblèmes des douze positions du soleil dans le ciel.

Il y a là certainement toute une symbolique religieuse qu'il serait fort curieux de pénétrer et qui retrace une partie des croyances du peuple qui a laissé ces objets comme vestiges de son existence. M. Émile Burnouf a ingénieusement expliqué toutes ces figures au moyen des Védas, d'où il a conclu que c'était là une symbolique tout aryenne. Mais M. Sayce, avec non moins de vraisemblance et une érudition non moins ingénieuse, y a retrouvé une série d'emprunts au symbolisme

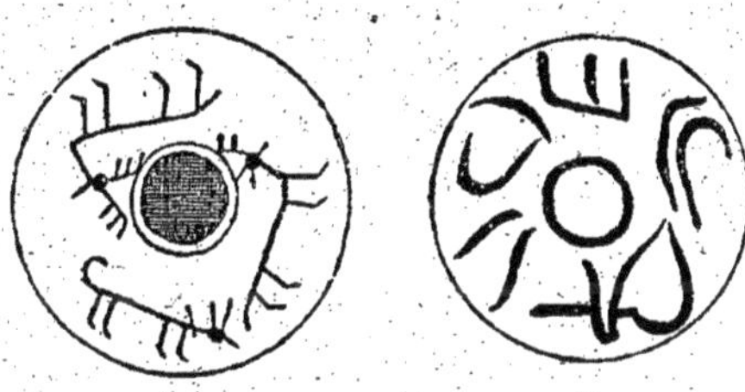

FUSAÏOLES DE TERRE CUITE A INSCRIPTIONS.

sacré et aux traditions de la Chaldée. C'est dire qu'en l'absence de tout texte qui puisse servir de point de départ et de guide, l'étude de ces symboles ouvre trop largement carrière à l'imagination et à ses écarts pour que l'on puisse espérer d'y parvenir à un résultat solide.

Je m'abstiens prudemment de m'engager sur ce terrain mouvant et je préfère me tenir exclusivement sur celui des éléments de comparai-

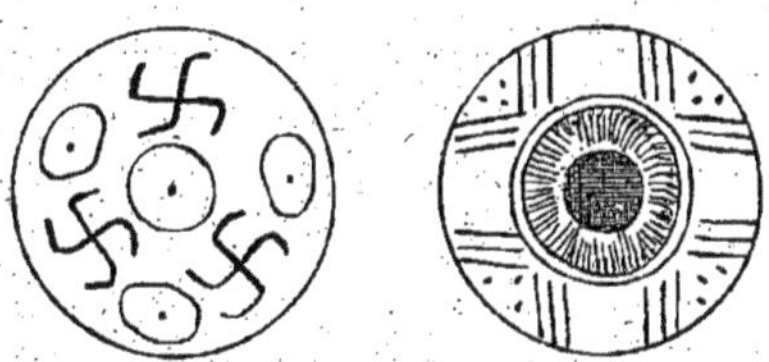

DESSINS SUR LES FUSAÏOLES ET LES CÔNES DE TERRE CUITE.

son que je continue à chercher dans les antiquités des autres contrées du bassin oriental de la Méditerranée.

Ni dans l'Archipel ni en Chypre, on n'a trouvé jusqu'à présent que je sache, des fusaïoles en terre cuite comme celles de la Troade. Mais en Chypre et dans les tombeaux les plus primitifs de Camirus, je constate des pièces du même genre exécutées en pierre dure. On peut en voir un certain nombre d'échantillons au Musée Britannique.

La manière de représenter les animaux établit une étroite analogie entre les dessins des fusaïoles troyennes et les anciennes pierres gravées de l'Archipel, dans lesquelles la forme naturelle du petit galet roulé de matière dure, une lentille irrégulièrement aplatie, a été conservée, sans aucun essai pour y donner artificiellement une forme plus régulière. C'est là une classe de monuments d'époque fort reculée sur laquelle j'ai été le premier à appeler l'attention dans la *Revue archéologique*, et on peut l'étudier d'après des spécimens variés au Musée Britannique ou à Athènes, dans la collection Rhousopoulos. L'analogie que je signale existe avec celles de ces pierres qui portent l'empreinte du travail le plus primitif, avec celles où la gravure a été obtenue par le frottement répété d'une pointe de silex, avant l'introduction du touret, instrument d'ori-

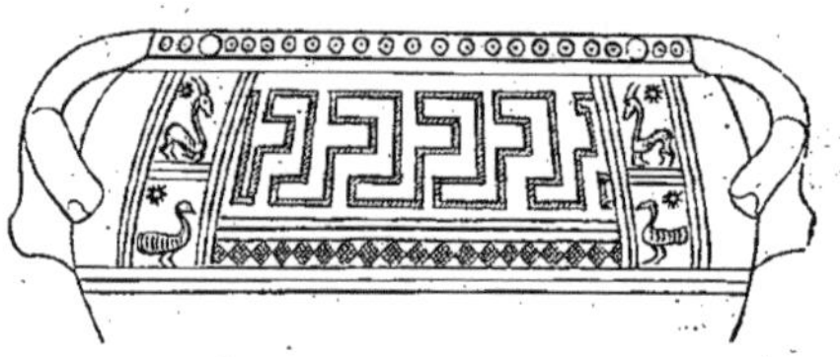

DÉCOR D'UN VASE PEINT PRIMITIF

gine orientale, connu de très-bonne heure à Babylone, mais qui n'apparaît que tardivement en Grèce, et dont la tradition hellénique attribuait le premier usage à Théodore de Samos, avant même l'emploi du drille, qui a précédé celui du touret. Il y a particulièrement au Musée Britannique une pièce trouvée dans une sépulture de Camirus, où l'on voit une figure d'animal qui est un simple *graffito* à la pointe de silex sur une pierre dure et qui se rapproche d'une manière frappante des figures de même espèce tracées sur les fusaïoles de Hissarlik.

C'est également dans le même principe et avec une barbarie de même famille que sont exécutées les premières figures d'animaux qui apparaissent au milieu des ornements géométriques, dans quelques-uns des compartiments décorant les vases peints primitifs de Santorin ou de Milo. J'en mets un exemple sous les yeux du lecteur.

IX.

Le fait le plus inattendu qu'aient révélé les fusaïoles de Hissarlik, avec quelques-uns des vases de terre provenant des mêmes fouilles, c'est l'usage de l'écriture chez le peuple, à la civilisation si peu développée encore, auquel on doit ces objets.

Il ne s'agit pas ici, je dois le déclarer tout d'abord pour rassurer le lecteur, — il ne s'agit pas ici des prétendues inscriptions en caractères chinois, non plus que des chansons en patois auvergnat que certaines personnes ont cru lire sur des poteries de la collection Schliemann. Des excentricités de ce genre sont presque du ressort d'une des branches de la médecine, et elles ont eu l'immense inconvénient de déverser le ridicule sur les fouilles troyennes, en même temps qu'elles éveillaient dans le public savant une défiance extrême contre la constatation d'un fait qui, lui, est réel et sérieux. J'ai moi-même si bien partagé cette défiance, que, lorsque des philologues d'un caractère aussi grave et d'un mérite aussi solide que M. Haug, de Munich, et M. Gomperz, de Vienne, annoncèrent avoir positivement reconnu l'existence d'inscriptions sur certaines fusaïoles et certains vases de Hissarlik, je fis comme les autres, je crus qu'il s'agissait encore là d'une illusion et je ne me donnai même pas la peine d'examiner de près la question. Pourtant, quand je me suis vu amené à traiter en détail des curieuses trouvailles de M. Schliemann, il n'était plus possible de me tenir en dehors de l'examen des inscriptions signalées par MM. Haug et Gomperz et de leurs lectures. C'est avec une disposition très-fortement prévenue contre, que je l'ai abordée; mais mes préventions ont dû céder devant l'évidence du fait. Il y a bien des inscriptions sur plusieurs des objets les plus anciens exhumés à Hissarlik; ces inscriptions sont conçues avec une écriture que l'on connaît ailleurs, dans la même région; par conséquent on peut donner au moins d'une partie d'entre elles des déchiffrements tout à fait sérieux au point de vue scientifique et qui approchent beaucoup de la certitude.

Un semblable fait vient à l'encontre des idées habituellement reçues. Malgré des témoignages très-sérieux de l'antiquité, comme celui d'Hérodote, depuis les travaux de Wolf et de son école, c'est presque un point de doctrine, que l'ignorance absolue de l'écriture où auraient encore été les Grecs et les populations voisines à l'époque de la composition des poésies homériques et que l'impossibilité de voir des lettres dans les σήματα λυγρὰ de l'*Iliade*. Il y a donc un véritable préjugé à vaincre pour faire accepter l'idée de l'existence de l'écriture chez les habitants de la Troade dans un état de civilisation bien plus ancien et bien plus rudimentaire que celui des rapsodies homériques. Ceci rend nécessaire de grouper autour du fait en lui-même toutes les circonstances corroboratives qui doivent le faire admettre, en dépit de ce que l'on pensait auparavant.

En 1852, l'illustre et si regrettable duc de Luynes publia, sous le titre de *Numismatique et Inscriptions cypriotes*, un ouvrage qui a fait époque dans l'histoire de la science. Il y révélait l'existence en Chypre d'une écriture absolument particulière, conservée dans l'usage jusqu'à l'époque d'Alexandre et n'ayant rien de commun avec les alphabets de la Phénicie et de la Grèce. Les monuments de cette écriture étaient des monnaies, restées longtemps sans un classement certain, et des inscriptions, dont la plus importante gravée sur une table de bronze découverte dans les ruines de l'ancienne Idalium; elle est actuellement au cabinet des médailles de la Bibliothèque nationale avec tous les trésors de la collection de Luynes. Déjà les monuments publiés alors montraient dans cette écriture un nombre de signes trop considérable (on en relevait cinquante) pour qu'il fût possible d'admettre qu'elle eût été proprement et exclusivement alphabétique.

Depuis lors l'épigraphie cypriote vit ses séries se multiplier rapidement, grâce surtout aux recherches et aux fouilles de M. le comte de Vogüé, de M. Lang, consul d'Angleterre à Larnaca, et de M. le général de Cesnola, consul des États-Unis dans la même ville, dont la belle collection est maintenant au Musée métropolitain de New-York. Mais ces inscriptions restaient toujours lettre absolument close jusqu'à l'envoi que M. Lang fit au Musée britannique en 1872 d'un monument bilingue, phénicien et cypriote, dédié par Melekiathon, roi de Citium, un prince du IVe siècle av. J.-C., dont nous avons des monnaies phéniciennes. Un jeune savant anglais auquel l'assyriologie doit d'éclatantes découvertes, M. George Smith, étudia ce monument avec une sagacité pénétrante et posa les premières bases du déchiffrement de l'ancienne écriture nationale de Chypre. La découverte, encore en germe, fut étendue par M. Samuel Birch; mais surtout le dernier sceau y fut mis par le travail posthume d'un érudit berlinois mort à quarante-deux ans, en pleine vigueur de production scientifique, et dont le souvenir restera toujours cher à ses amis en dépit du fossé sanglant qui nous sépare aujourd'hui des Prussiens, Johannes Brandis. Ce travail a paru en 1873 dans le *Bulletin de l'Académie de Berlin*; il a définitivement fixé les principes de la lecture des textes cypriotes et la langue que cachait leur écriture, si longtemps mystérieuse. La voie que Brandis avait ouverte a été suivie par MM. Gomperz, Moriz Schmidt, Deecke et Siegismund, car désormais l'étude des inscriptions de Chypre est passée dans le domaine commun de la science; on y a consommé encore quelques nouveaux progrès; mais ils n'ont fait que confirmer les premiers résultats obtenus.

L'écriture cypriote est syllabique, c'est-à-dire qu'elle ne représente une consonne qu'unie à la voyelle qui sert à la faire prononcer; de cette façon, par exemple, elle emploie quatre signes différents pour écrire *ka*, *ke*, *ki*, *ko*, au lieu d'un *k* unique suivi des voyelles détachées *a*, *e*, *i*, *o*. Elle est d'origine chaldéo-babylonienne; non pas qu'elle dérive, comme quelques érudits ont paru le croire, du type d'écriture cunéiforme dont les monuments des monarques assyriens nous offrent les exemples. Par cette comparaison l'on n'arriverait pas à rendre un compte satisfaisant de la formation de la plupart de ses caractères. Son origine est plus ancienne; elle se rattache au type d'écriture le plus primitif que nous constations dans la Chaldée, au type que l'on a pris l'habitude de qualifier d'*hiératique* et avec lequel sont tracées les inscriptions des vieux rois touraniens ou accadiens d'Our et d'Erech, inscriptions qui peuvent presque rivaliser d'antiquité avec les monuments de l'ancien empire égyptien. L'écriture proprement cunéiforme, des temps postérieurs de l'Assyrie et de Babylone, dérive de cette écriture antique, et l'écriture cypriote en est certainement un autre rameau de dérivation parallèle, arrivé à son dernier terme.

On n'avait jusqu'ici de monuments de cette dernière qu'en Chypre, où elle s'est maintenue plus tard qu'ailleurs; d'où le nom qu'on lui a donné; et elle y servait à écrire un dialecte grec, particulièrement voisin de celui de l'Arcadie, ce que les grammairiens hellènes nous disaient, du reste, du dialecte de Chypre. Mais il était facile de discerner des preuves certaines de ce que ce système syllabique avait été d'un usage commun à toutes les populations indigènes de l'Asie Mineure, antérieurement à l'introduction du système alphabétique, importé de Phénicie en Grèce et rayonnant à une certaine époque de la Grèce sur le continent qui lui fait face, de l'autre côté de la mer Égée. En effet, les alphabets indigènes des peuples de l'Asie Mineure, comme le lycien et le carien, dont nous possédons déjà un nombre respectable de monuments épigraphiques, se composent en majeure partie de lettres empruntées aux anciens types de l'alphabet grec, mais y ajoutent des signes à eux propres pour exprimer des articulations qui n'étaient pas représentées dans l'écriture grecque. Ces signes doivent, suivant les vraisemblances et les analogies, provenir d'une écriture auparavant en usage et abandonnée pour l'alphabet, à cause de la plus grande commodité de celui-ci. C'est ainsi que les apôtres du christianisme en Égypte empruntèrent quelques lettres à l'écriture démotique égyptienne pour les ajouter aux lettres grecques en formant l'alphabet copte; c'est ainsi que l'évêque Ulfilas combina l'alphabet mœso-gothique par l'addition de quelques signes runiques aux lettres grecques, et que les SS. Cyrille et Méthode créèrent l'écriture slave en augmentant l'alphabet grec d'une certaine quantité de caractères empruntés au vieux système des runes slaves, lequel s'est conservé beaucoup plus exactement dans l'écriture glagolitique. Et en effet, si l'on étudie maintenant les lettres non grecques du lycien et du carien, on constate avec une certitude absolue qu'elles ne sont pas autres que les signes correspondants comme valeur dans le syllabaire cypriote.

Ceci donné, celui qui se serait demandé : Si l'on trouve des inscriptions sur quelques-uns des objets remontant à la civilisation primitive sur la Troade, dans quel caractère pourraient-elles être? Celui-là aura dû répondre à l'avance : Suivant toutes les vraisemblances des faits connus, ce sera dans une écriture pareille à celle de Chypre, puisque c'est là le plus ancien système graphique de l'Asie Mineure. Or c'est là précisément ce que MM. Haug et Gomperz ont constaté, et ce que je me vois conduit à reconnaître avec eux.

L'inscription dont l'existence me paraît la plus manifeste et la lecture la plus positive est celle que l'on trouve répétée sur plusieurs fusaïoles, dont nous avons donné un spécimen à la p. 27. Que le lecteur curieux de ces études veuille bien se reporter aux tableaux du syllabaire cypriote qui ont été donnés dans les dissertations qui viennent d'être rappelées, et il lui sera impossible de ne pas y retrouver immédiatement les caractères dont se compose cette inscription[1]. Un seul est d'une valeur un peu douteuse : c'est le second du premier mot. Il représente certainement une voyelle, mais on varie pour sa lecture entre *a*, *e*, *i*. L'écriture procède de droite à gauche, comme dans la majorité des inscriptions de Chypre, et il faut commencer à lire par le signe en forme de ⊣. La transcription est *ta-a-o Si-go-o* ou *ta-i-o Si-go-o*, c'est-à-dire *tao* ou *taio Sigo*, forme correspondant exactement au grec θεῷ ou θείῳ Σιγῷ, ce système d'écriture n'admettant pas de distinction et τ et θ, pas plus qu'entre κ et χ. Il faut donc traduire, avec M. Haug, « Au dieu » ou « au divin Sigos ». Le nom de ce dieu était jusqu'ici complétement inconnu; mais ce qui le justifie et confirme complétement la lecture, c'est qu'il explique l'origine de l'appellation du fameux cap Sigée, voisin de Troie, sur lequel fut bâtie par les Grecs une ville de même nom. Σίγαιον est en effet « le lieu consacré à Sigos ». M. Haug y rapporte aussi le nom des nom Scées, πύλαι Σκαιαὶ, dans la Troie homérique; le rapprochement est possible, mais moins certain.

Ce même nom divin se retrouve aussi avec une certitude presque

1. Voyez aussi la planche autographiée mise en regard de cette page.

complète dans l'inscription tracée à la pointe sur la pâte encore fraîche, qu'offre auprès de la naissance du col un vase portant le n° 3273 dans l'atlas de M. Schliemann; mais le mot qui le précède est fort difficile de lecture. Je crois, pour ma part, devoir transcrire *an-ti-ti-ka-ti-i Si-go-o*; *antitikati* ou *antitikate* me paraît une troisième personne du parfait passif correspondant à une forme grecque ἀνατεθείκαται, forme insolite mais plus régulière et plus développée pour ἀνατέθειται. Je traduis donc « a été dédié à Sigos ». Sigos était décidément le dieu spécial de la ville primitive dont on trouve les restes à Hissarlik; sans doute celui auquel était dédié le grand autel de si rude facture que l'on a mis au jour et que M. Schliemann, dans sa préoccupation homérique constante, appelle l'autel de Minerve Ilienne.

Ce sont là les deux seules inscriptions qui, dans l'état actuel, sur les objets provenant des fouilles de la Troade, me paraissent susceptibles d'une lecture ayant de sérieuses chances d'exactitude. Il en est pourtant encore trois ou quatre autres sur des pièces différentes de la même collection, toujours sur des objets en terre cuite; mais elles sont si grossièrement tracées qu'on ne pourrait proposer à leur sujet que des conjectures sans fondement assez solide. Pourtant il n'en est pas où l'on ne reconnaisse avec certitude quelques-uns des caractères du syllabaire cypriote.

Les lectures d'inscriptions que je viens d'indiquer, et qui me paraissent dignes de confiance, méritant au moins la très-sérieuse attention des savants, auraient pour résultat d'établir que la population indigène de la Troade, à l'époque reculée où nous reportent ces monuments, parlait un dialecte presque hellénique, un langage qui n'était pas plus éloigné du grec que l'osque du latin. C'est, du reste, la conclusion à laquelle des érudits éminents avaient été déjà conduits par des arguments d'un tout autre ordre, montrant dans la guerre des Grecs et des Troyens une querelle de peuples frères.

Plus on va, plus on voit se manifester ce fait que la plus grande partie peut-être des anciennes nations de l'Asie Mineure étaient de race pélasgique et par leur langage étroitement apparentées aux Grecs. Ainsi se confirme l'ingénieuse théorie de M. Ernest Curtius, qui veut que les Ioniens, ou les *Iaones* comme on les appelait primitivement, soient venus de l'Asie Mineure dans la Thessalie, la Béotie et l'Attique, et aient été particulièrement proches parents des Léléges et des Lyciens primitifs[1]. Les Méoniens sont reconnus par tout le monde comme appartenant

1. J'expliquerai plus loin comment il faut entendre ce nom quand il s'agit des

au même sang. C'est uniquement en vertu d'une fausse assimilation du nom du Lud fils de Sem dans la *Genèse* (lequel s'applique en réalité à une population de la Syrie), que l'on a longtemps fait des Lydiens des Sémites ; M. George Curtius a démontré, par les rares mots que l'on en possède et dont le plus caractéristique est *kan* « chien » (latin *canis*, grec κύων), que leur langue était aryenne et du groupe pélasgique. L'idiome des indigènes de Chypre, tel que nous le rendent les textes épigraphiques, était un dialecte grec. Les Cariens eux-mêmes, qui se montrent dans l'histoire des âges les plus antiques du bassin méditerranéen, si étroitement unis d'intérêt avec les Phéniciens, si bien associés à leur domination, les Cariens pouvaient être pour les Hellènes βαρβαρόφωνοι, c'est-à-dire un peuple au parler barbare et difficilement intelligible, ce parler était de même famille que le grec ; Strabon nous l'atteste, d'après l'historien local Philippe, qui devait être mieux qu'un autre en mesure de le savoir. Il n'est pas jusqu'aux Phrygiens dont la langue « était apparentée au grec de plus près peut-être que le gothique ne l'est au moyen haut-allemand ; sa déclinaison et sa conjugaison avaient les flexions et subissaient au moins en partie les lois phonétiques du grec ». C'est ainsi que M. E. Curtius résume les résultats des travaux des plus habiles philologues sur les inscriptions phrygiennes parvenues jusqu'à nous et gravées sur les tombes royales voisines de la source du Sangarius. Il va même jusqu'à en tirer cette conclusion : « Nous donnons aux peuples maritimes de l'Asie Mineure, à ceux du moins qui appartiennent à la race phrygo-pélasgique, le nom de Grecs orientaux. »

On voit combien la constatation des inscriptions en caractères cypriotes sur les fusaïoles et les poteries de Hissarlik, ainsi que le déchiffrement qui y fait trouver un dialecte presque grec, concordent avec cette théorie, qui a reçu l'assentiment des hommes les plus considérables de la science.

X.

M. Schliemann, on le sait et j'ai déjà eu l'occasion de le dire dans ce mémoire, voit dans l'incendie qui détruisit la seconde ville dont il a retrouvé les débris, la ville fortifiée et munie d'un *pergamos* royal, l'œuvre des Grecs d'Agamemnon. Elle est pour lui l'Ilion d'Homère ; et il n'a pas balancé de donner le nom de « trésor de Priam » au dépôt de

premiers temps de la Grèce, car il prête à une confusion facile avec les Lyciens-Trémiles des temps postérieurs, lesquels sont un tout autre peuple.

vases et de bijoux d'or, ainsi que d'autres objets de métal, abandonné dans une caisse sur le rempart au moment de la catastrophe.

C'est ici que l'on hésite à suivre l'habile explorateur sur le terrain homérique où il se place. Qu'il ait retrouvé les ruines d'une ville qui fut, dans une antiquité extrêmement reculée, la capitale de ces Dardaniens ou Teucriens dont la puissance nous est attestée par les textes monumentaux de l'Égypte pharaonique sous la XIXe et la XXe dynastie, c'est ce dont on ne saurait douter. Mais que cette ville soit la Troie d'Homère, la Troie assiégée et détruite par les Grecs, je ne puis l'admettre.

Sans attacher aux poésies homériques la même foi que M. Schliemann, sans y chercher de l'histoire proprement dite, ce qui serait aussi chimérique que de prétendre retrouver les annales des Carlovingiens dans nos chansons de geste du cycle de Charlemagne, je suis de ceux qui croient à la réalité historique du siége de Troie. Loin de partager, sous ce rapport, l'hypercritisme d'une certaine école, je pense qu'il faut toujours chercher un événement positif au point de départ d'un cycle poétique, événement, il est vrai, qui n'a le plus souvent que bien peu de rapport avec les développements prodigués autour par l'imagination et la poésie populaires. Qu'y a-t-il d'historique dans la *Chanson de Roland?* Rien que le fait de la mort de Roland, comte des Marches de Bretagne, dans un malheureux combat d'arrière-garde, au milieu des défilés des Pyrénées. L'*Iliade* peut être comparée à la *Chanson de Roland*, et je tiens que les deux poëmes doivent être envisagés au même point de vue. Il n'y a sans doute pas dans les chants sublimes qui portent le nom d'Homère un mot d'histoire de plus que dans la rude et grandiose geste de Théroulde. Mais nous n'aurions pas plus d'*Iliade* s'il n'y avait pas eu de siége et de destruction de Troie par les Grecs que nous n'aurions de *Chanson de Roland* sans le désastre de l'arrière-garde de Charlemagne au retour d'Espagne. Si la poésie a donné dans nos anciennes épopées une physionomie toute de fantaisie à « l'empereor à la barbe florie » et lui a attribué des exploits tout à fait fabuleux, Charlemagne n'en reste pas moins un personnage historique; et si la légende avait seule survécu à la perte des écrits authentiques comme ceux d'Éginhard, la critique devait en tenir compte et la regarder comme une preuve des grandes actions du restaurateur de l'Empire d'Occident, ainsi que de la prodigieuse impression qu'il laissa dans l'esprit des hommes.

La prise de Troie est l'un des cinq ou six souvenirs primitifs des Grecs qui semblent se rapporter à des faits réels et qui, malgré l'exubérante végétation mythologique au milieu de laquelle ils apparaissent, jettent dans la nuit des âges héroïques une lueur sur les phases successives de la civilisation naissante. Telles sont la fondation du royaume d'Argos par la dynastie achéo-pélasgique d'Inachus, la substitution à celle-ci de la nouvelle dynastie de Danaüs, puis la puissance de la monarchie des Pélopides, et, dans une autre partie de la Grèce, la colonie phénicienne de Thèbes. Les Grecs eux-mêmes ont toujours reconnu un caractère spécial à ces événements, et ils les ont considérés comme marquant les principales et décisives époques de leurs annales primitives, de leurs traditions préhistoriques. Pour la guerre troyenne en particulier, il y a la plus remarquable unanimité dans la tradition, une unanimité trop caractérisée pour ne pas reposer sur un fait positif; et par-dessus tout, je suis frappé de la constance avec laquelle, au milieu de l'infinie divergence des récits héroïques des Grecs, on maintient toujours le même espace de temps entre la prise de Troie et l'invasion des Doriens, qui est placée un peu moins d'un siècle après et qui ouvre les âges de l'histoire, comme la chute d'Ilion clôt ceux de la fable.

D'ailleurs, il ne me semble plus possible aujourd'hui de contester l'existence de Troie et du royaume troyen, en présence du témoignage des documents égyptiens. Il n'y a pas à douter en effet qu'il ne faille reconnaître un prédécesseur du Priam homérique dans le chef des *Dardani* (Dardaniens), d'*Ilouna* (Ilion)[1] et de *Padasa* (Pedasus), qui figure avec les chefs de *Leka* (les Lyciens), de *Masa* (les Mysiens) et d'*Akerit* (les Cariens), dans le récit du papyrus hiératique Sallier, parmi les confédérés venus au secours des *Khétas* ou Héthéens du Nord, sous les murs de Qadesch sur l'Oronte, dans la cinquième année de Ramsès II. Ce sont précisément les mêmes peuples dont on trouve le dénombrement au chant II de l'*Iliade* comme prenant part à la défense de Troie. Et quand je traduis ici par Lyciens les *Leka* du papyrus, j'entends ce nom dans le même sens que les passages de l'*Iliade* qui font des Lyciens les plus voisins et les plus intimes alliés des Troyens. Je ne le restreins pas, comme font le Dénombrement et le chant de la mort de Sarpédon, à la Lycie proprement dite; et surtout je ne l'applique pas au peuple également aryen, mais, semble-t-il, appartenant à un autre rameau, des Tré-

1. Ce nom est douteux, le premier signe de son orthographe hiéroglyphique étant susceptible de plusieurs lectures. On pourrait donc transcrire, comme le fait M. Chabas, *Maouna*, ce qui désignerait les Méoniens, un autre peuple des mêmes contrées. Mais la lecture *Ilouna*, qu'adoptent M. de Rougé et M. Maspéro, paraît plus vraisemblable; elle prend le signe en question pour sa valeur la plus habituelle, et de plus on doit s'attendre à voir nommer Ilion à côté de Pédasus, une autre cité des Dardaniens bien connue dans Homère.

miles — ils s'appellent eux-mêmes *Trmele* dans leurs inscriptions — qui vint ensuite occuper la Lycie, qui en était maître au temps des Achéménides et que les Grecs alors continuaient à appeler Lyciens. Je désigne par ce nom les véritables Lyciens primitifs, dont M. Ernest Curtius a si bien éclairci l'existence et le caractère, peuple pélasgique et apparenté aux Ioniens, qui n'est peut-être pas différent des Lélèges, et qui, comme toutes ces nations de l'Asie Mineure, avait poussé en Grèce des essaims dont nous entrevoyons la trace dans les plus anciens souvenirs de ce pays. Une partie de la Troade au sud de l'Ida s'appelait ainsi Lycie; il y a une Lycie primitive en Attique, une autre en Laconie, une troisième en Crète, des cultes lyciens sur beaucoup de points du Péloponèse, par exemple en Arcadie; et le souvenir des Lélèges se retrouve dans les mêmes contrées, en Lycie comme en Troade, sur les bords du Méandre comme sur les versants de l'Ida. Les légendes de Mégare et celles de la Laconie plaçaient au commencement des âges le héros Lelex; Pédasus était donnée comme une des fondations de ce peuple. En Carie, on montrait encore au temps de Strabon des tombeaux à moitié détruits et des villes ruinées auxquelles on donnait l'appellation de Lelegia. Le nom même de la Laconie paraît originairement le même que celui de ces Lyciens primitifs, dont celui des Lélèges ne diffère que par un redoublement initial.

L'éminent et regrettable vicomte de Rougé a été le premier à reconnaître la mention des Dardaniens et des autres peuples de l'Asie Mineure parmi les adversaires du Sésostris des Grecs, dans ce poëme de Pentaour, composé au lendemain des événements et gravé sur les murailles des temples de Louqsor et de Karnak en même temps qu'écrits sur les fragiles feuillets de papyrus qui ont traversé tant de siècles pour finir par trouver un refuge sur les bords de la Tamise. Tous les égyptologues admettent maintenant son opinion, et on peut la considérer comme désormais acquise à la science. Il y avait donc au XVe siècle avant notre ère un royaume des Dardaniens, qui tenait son rang parmi les plus puissants de l'Asie Mineure et qui envoyait ses guerriers en Syrie livrer bataille aux Égyptiens pour la défense de l'Asie. Ceci cadre admirablement avec ce que les traditions grecques racontent de la puissance de Troie et avec les deux termes entre lesquels elle place la destruction de cette grande cité.

Je crois donc à la réalité de l'existence de Troie et au fait de la guerre troyenne. Je n'oserais même pas contester trop absolument l'exactitude du nom de Priam, conservé par la tradition comme celui du dernier monarque de Troie. La forme de ce nom n'a rien d'improbable, et la mémoire populaire a souvent conservé certains noms réels, tout en en faisant le centre de traditions purement fabuleuses. Certainement celui qui lit la légende de l'anneau de Gygès ou le conte du roi Candaule et de sa femme, tel qu'il est raconté par Hérodote, pourrait se croire autorisé à regarder Gygès comme un personnage entièrement mythique. Les principes d'une critique rigoureuse semblaient même imposer cette manière de voir, jusqu'au jour où le nom de *Gougou*, roi de *Loudi* (Gygès, roi de Lydie), a été lu sur le prisme assyrien d'Assourbanipal comme celui d'un prince parfaitement historique et contemporain du monarque

VAISSEAU DES TEUCRIENS, A MÉDINET-ABOU.

ninivite. Après cet exemple frappant, il est bon de prendre garde de s'avancer d'un pas trop rapide dans la voie de la négation.

Mais c'est précisément parce que je tiens la prise de Troie pour un événement réel, auquel on peut assigner, sinon une date fixe, du moins une époque approximative et une place déterminée dans la succession des phases primitives de la civilisation grecque; c'est, dis-je, par cette raison même que je ne puis, au point de vue archéologique, admettre les théories de M. Schliemann sur les objets qu'il a découverts et rapporter ceux-ci à la cité prise par Agamemnon. J'y vois des objets plus anciens, appartenant à un état de civilisation moins avancé que n'était sûrement celui de la Troie homérique.

Parmi les dates que les écrivains grecs assignent à la prise de Troie, il en est deux qui paraissent seules mériter une attention sérieuse. C'est d'abord celle que Ménandre prétendait avoir trouvée dans les annales de Tyr, qu'il avait certainement consultées et dont il avait fait des extraits fort exacts, la fin du XIe siècle avant l'ère chrétienne (1023), le temps de Hiram et de Salomon; je l'ai longtemps acceptée, à l'exemple de Volney, mais je me sens maintenant moins sûr de son exactitude et je serais disposé à croire qu'elle est un peu trop basse. L'autre est celle de la chronologie d'Eratosthène, adoptée aussi par Apollodore, par Diodore de Sicile et par Denys d'Halicarnasse, 1183 avant J.-C.[1]; elle était fondée sur un travail très-savant de l'érudit alexandrin, établissant la concordance des listes royales qui se conservaient dans un certain nombre de villes de la Grèce et qui avaient une valeur réelle, ainsi que l'a montré J. Brandis. Mais il paraît bien qu'Eratosthène avait commis une erreur de cinquante-six ans dans ses calculs, en exagérant l'intervalle entre l'Olympiade d'Iphitus et celle de Corœbus. Elle avait été corrigée par Callimaque et par Phanias d'Erésus, qui mettaient ainsi la prise de Troie en 1127, et cette date est, à très-peu de chose près, celle à laquelle se sont arrêtés Isocrate, Ephore et Démocrite. C'est celle que, parmi les modernes, a adoptée et corroborée par des arguments très-forts, Clinton, dont le système chronologique reste le meilleur et le mieux d'accord avec les faits que nous fournissent aujourd'hui les sources égyptiennes.

En tout cas, nous ne pouvons guère remonter plus haut que le XIIe siècle pour la chute de Troie, puisqu'à la fin du XVe nous avons vu les Dardaniens combattre contre les Égyptiens, et qu'au commencement du XIIIe, sous le règne du pharaon Ramsès III, dans les sculptures du palais de Médinet-Abou, les Teucriens apparaissent encore comme un des peuples les plus puissants des côtes de la Méditerranée, en étroite alliance avec les nations pélasgiques et possédant une grande flotte. Or il m'est impossible d'admettre qu'au XIIe siècle avant l'ère chrétienne ce peuple puissant, et aucun peuple de l'Asie Mineure, en ait été encore à l'état véritablement barbare que révèlent les restes découverts à Hissarlik.

1. Les dates encore plus élevées sont celles de Thucydide, 1266 av. J.-C., d'Hérodote, 1263, de Dicéarque, 1212, de la chronique de Paros et de Trogue Pompée, 1208. Thucydide en énonçant un chiffre ne se prononce pas personnellement en faveur de cette date, mais se borne à rapporter ce que disaient les gens de Mélos, sans en assumer la responsabilité; Hérodote reconnaît lui-même qu'il ne présente que le résultat d'un calcul assez incertain de générations. Les autres dates n'entament pas sérieusement le XIIIe siècle.

XI.

Nous avons établi, comme M. Newton l'avait fait avant nous dans un intéressant article de l'*Academy*, de nombreuses comparaisons entre les antiquités sorties des fouilles de la Troade et celles de Chypre et de l'Archipel. Mais il importe de remarquer que partout les objets qui se prêtent à ces rapprochements sont les plus anciens du pays, ceux qui remontent le plus près des origines de sa population. On ne rencontre plus au delà que les vestiges du pur âge de la pierre.

La comparaison la plus intéressante et la plus féconde en enseignements, celle qui met en face de l'ensemble complet d'une civilisation analogue à celle de Hissarlik, reste toujours celle que l'on en fait avec les villages préhistoriques enfouis sous le tuf ponceux supérieur de Santorin. Il faut y revenir en la prenant un peu plus d'ensemble, afin d'y noter certains faits dont nous aurons à tirer parti.

L'étude géologique du sol de Santorin prouve que cette île formait primitivement un grand cône volcanique; elle était circulaire et sa périphérie s'élevait en pente douce au-dessus de la mer, montant vers le cratère central et constituant une sorte de dôme haut d'environ 700 mètres. Les flancs de ce cône s'étaient couverts avec le temps d'une riche végétation de bois d'oliviers sauvages, au milieu desquels existaient déjà des villages et des habitations isolées. Tout à coup le volcan, qui, semble-t-il, s'était assez longtemps reposé, reprit une terrible activité. Par une éruption subite, il vomit une pluie monstrueuse de pierres ponces de toutes les grosseurs, qui recouvrit toute la surface de l'île d'une couche blanchâtre dont l'épaisseur varie de 7 à 30 mètres. Ce n'était là, du reste, que le prélude d'une catastrophe encore plus formidable. Toute la partie supérieure du cône, sous laquelle le progrès graduel du soulèvement avait formé des cavités qui n'étaient plus en rapport avec la masse qu'elles avaient à supporter, — toute la partie supérieure s'effondra, entraînant avec elle dans l'abîme le centre de l'île, et ne laissant plus, autour d'un gouffre de 2,000 pieds de profondeur, que des bords escarpés tels qu'on les voit aujourd'hui. Du côté de l'Orient, et sur les deux tiers de la circonférence, s'étend l'île principale, appelée Théra dans l'antiquité et Santorin aujourd'hui, qui a la forme d'un grand croissant; au nord-ouest est l'île de Thérasia; au sud-ouest et entre les deux, l'îlot d'Aspronisi. En même temps que le centre du cône primitif s'effondrait, la mer se précipita dans l'abîme que laissait cet écroulement et qu'elle remplit désormais.

M. Fouqué a fixé à ce cataclysme une époque approximative entre 2000 et 1800 avant l'ère chrétienne. Mais la détermination de cette époque est en grande partie conjecturale, et ne saurait être prise comme ayant une certitude absolue. Il semble même que l'on ait aujourd'hui des raisons de croire qu'elle serait un peu trop élevée. La géologie ne donne pas de moyens de formuler une date fixe en années; elle est obligée de s'étayer d'indications d'une autre nature. Or tout ce qu'on peut dire ici de positif, c'est que la catastrophe de l'île primitive de Santorin est certainement très-ancienne, puisqu'il n'en est resté aucun vestige dans les souvenirs des Grecs, si ce n'est mêlé à l'histoire toute mythologique de la lutte des Titans contre les Hécatonchires. Car le récit que fait Hésiode, dans sa *Théogonie*, de cette convulsion des premiers âges du monde, offre des traits si frappants qu'il semble le dernier écho des vagues traditions d'un événement de ce genre dont les hommes auraient été déjà les témoins et qui se serait passé au milieu de la mer. Pourtant les Grecs se souviennent encore que Théra fut primitivement l'île ronde, Στρογγύλη, et l'île belle, Καλλίστη, aux vertes forêts. La catastrophe est aussi antérieure de quelque temps au moins à la colonisation définitive et complète de Théra par les Phéniciens, laquelle a laissé des vestiges bien distincts de ceux de l'époque antérieure, comme par exemple les sépultures du cap Couloumbos, exactement pareilles à celles de la côte de Phénicie[1]. Or cette colonisation est placée unanimement par les chronographes en 1415 avant J.-C., date historiquement très-vraisemblable et que nous n'avons aucune raison de ne pas accepter. L'effondrement du volcan central de Santorin et la pluie de pierres ponces qui la précède, ensevelissant comme à Herculanum et Pompéi, et aussi subitement, les villages des premiers habitants de l'île, sont donc des faits que l'on peut en réalité placer dans le XVIe ou le XVIIe siècle avant notre ère aussi bien qu'entre le XIXe et le XXIe. Il me paraît même que l'analogie qui existe entre les trouvailles de Santorin et celles de la Troade militerait aujourd'hui pour la date la plus rapprochée, que l'on ne peut cependant pas faire descendre au-dessous du XVIe siècle.

Dans l'ensemble, les découvertes faites sur les deux points révèlent le même état de développement et une civilisation commune. La population

1. Sur ces vestiges des Phéniciens à Théra, voyez la *Légende de Cadmus et les établissements phéniciens en Grèce*, dans le tome II de mes *Premières civilisations*.

qui habitait Callisté (la belle) avant le désastre et celle qui vint des îles voisines se fixer de nouveau sur cette terre, appelée désormais Théra (la bête sauvage), après que la crise se fut calmée, — car on retrouve exactement les mêmes objets au-dessus et au-dessous du tuf ponceux, — cette population en était, elle aussi, à la transition de l'usage des armes et des outils de pierre à celui des armes et des outils de métal. Comme celle dont on a trouvé les reliques par-dessous l'Ilion grec, elle était agricole et avait une certaine industrie, particulièrement céramique. J'ai signalé plus haut l'étroite analogie du mode de construction de ses maisons avec celui des maisons déblayées à Hissarlik; car elles étaient de même bâties en pierres irrégulièrement taillées et reliées avec de l'argile en guise de ciment; le bois, assemblé sans emploi de clous de métal, y jouait de même un grand rôle, et formait toute la partie supérieure des habitations. Les murailles, à l'intérieur, étaient revêtues d'un enduit coloré.

Voilà pour les affinités, qui sont les plus nombreuses; notons maintenant les différences.

Malgré la parenté de la civilisation, l'identité du système des décors des poteries incisées et des formes de la plupart des objets, les habitations préhistoriques de Santorin paraissent représenter un âge un peu plus ancien dans le temps, une phase de la culture un peu plus reculée que les habitations de Hissarlik. En effet les outils de pierre y sont davantage la règle, ceux de métal l'exception, — je ne parle pas des métaux précieux, qui devaient être aussi rares à cette extrémité méridionale de l'Archipel qu'abondants à peu de distance du Pactole et du Tmolus. En outre, le métal des armes et des outils y est le cuivre pur, tandis qu'à Hissarlik c'est déjà le bronze, peut-être encore associé à du cuivre pur, car il n'est pas prouvé que, dans toutes les pièces où M. Landerer n'a pas reconnu d'alliage d'étain, des analyses plus exactes en rencontreraient la faible proportion de 4 pour 100.

Mais en même temps la céramique paraît sous certains rapports un peu plus avancée, commençant à entrer dans une phase dont on n'aperçoit pas encore la trace dans les ruines de la Troade.

Nous retrouvons à Santorin les poteries sans peintures, lustrées au polissoir et décorées d'ornements géométriques incisés, d'une pâte aussi grossière que celles de Hissarlik, faite avec une argile aussi peu purifiée. Mais c'est là le seul genre de poterie qu'offrent les trouvailles de M. Schliemann, tandis qu'à Santorin il est associé aux premiers essais d'une céramique peinte indigène, consistant en un type particulier d'œnochoé, avec deux grands yeux ronds tracés en couleur près de l'embouchure; souvent un trait vertical entre deux, sur le devant du col, pour figurer le nez, un collier de gros points à la base du col; enfin deux seins de femme se projetant en saillie à la partie supérieure de la panse, peints en brun et accompagnés chacun d'un demi-cercle de points en dessous. C'est toujours l'idée de rappeler dans la forme du vase, d'une manière plus ou moins éloignée, la figure de la femme, et c'est de ces œnochoés barbares de Santorin que dérivent directement, par une suite continue de progrès, les délicieuses œnochoés peintes de Chypre, à têtes de femme, dont nous avons déjà parlé.

En même temps les découvertes faites sous le tuf ponceux de Théra

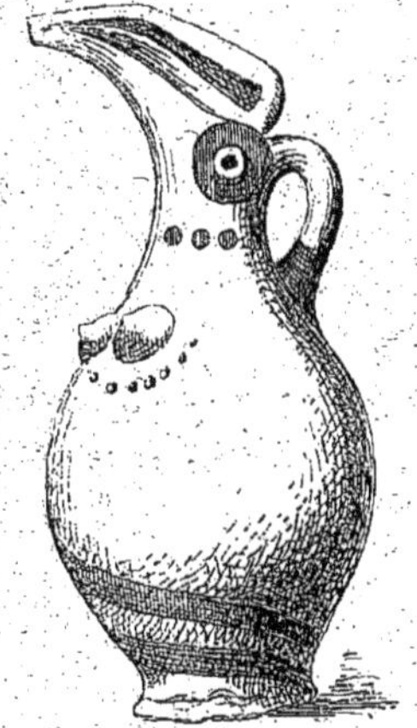

ŒNOCHOÉ A PEINTURES DES HABITATIONS PRÉHISTORIQUES DE SANTORIN.

et de Thérasia ont fourni des exemples d'une troisième classe de poteries, de vases décorés de peintures, d'une terre plus fine et sans mélange de cendres volcaniques — lequel caractérise toutes les fabrications céramiques locales de Santorin et de Milo, de quelque date qu'elles soient — de vases d'une exécution bien plus parfaite que ceux à qui l'on doit attribuer une origine indigène. Dans ces poteries nous avons les modèles, apportés par le commerce d'au delà des mers, qu'imitaient rudement les insulaires, et les modèles ont été trouvés dans les mêmes maisons que les imitations. Leur ornementation, qui rentre aussi dans la donnée des dessins géométriques, offrant des zones, des chevrons, des enroulements, des imbrications et des compartiments, a pourtant un caractère spécial;

les formes sont très-particulières, entre autres celle d'un grand entonnoir, en cône renversé et allongé, avec une petite anse ronde auprès de l'embouchure[1]. Ce sont là précisément les vases que, dans les peintures de l'hypogée de Thèbes connu vulgairement sous le nom de Tombeau de Hoskins (c'est celui d'un personnage du nom de Rekh-ma-ra), les gens du pays de Kefta apportent en tribut au pharaon Thouthmès III

UN PHÉNICIEN DU TEMPS DE THOUTHMÈS III.

(XVIIe siècle av. J.-C.). Or ce pays de Kefta, dont le nom est la source du Caphthor de la Genèse (Kaphth-or = *Kefta-ôer*, Kefta la grande), n'est pas, comme on l'a cru d'abord, Chypre ou la Crète ; le décret bilingue de Canope nous a donné la traduction grecque authentique du nom de Kefta : c'est la Phénicie. Les vases de fabrication étrangère que l'on trouve dans les villages préhistoriques de Santorin

1. On en a trouvé aussi à Camirus de semblables, en terre peinte et en albâtre.

associés à la poterie indigène — peinte ou simplement polie avec dessins incisés — sont par conséquent des vases proprement phéniciens. Et en effet ils sont, à tous les points de vue, pareils aux poteries peintes du pays de Moab, dont on peut voir des fragments au Louvre et au Musée Britannique, ainsi qu'aux fragments si précieux de vases de même espèce, à inscriptions phéniciennes et araméennes, découverts par M. Layard à Nimroud. Les Américains ont aussi publié récemment des vases peints décorés dans le même système et avec des légendes phéniciennes, que M. de Cesnola a exhumés en Chypre et que l'on conserve maintenant à New-York. Il faut donc en conclure que les villages enterrés sous les ponces de Santorin datent du temps des premières relations des habitants des îles de l'Archipel avec les Phéniciens, du début des navigations des fils de Chanaan dans ces mers, lesquels correspondent à l'époque de la XVIIIe dynastie égyptienne. En effet les inscriptions de Thouthmès III attestent en termes formels les relations fréquentes qui existaient sous le règne de ce prince entre l'Égypte et les habitants « des îles et des côtes de la Grande Mer », c'est-à-dire de la Méditerranée; et ces relations sont, à mon avis, matériellement prouvées par le grand nombre de petits scarabées égyptiens portant le cartouche prénom de Thouthmès III, que l'on rencontre dans les îles de l'Archipel, mais non sur le continent grec ou sur celui de l'Asie Mineure. Des relations de ce genre, où la monarchie égyptienne faisait sentir aux îles sa force alors prépondérante, ne pouvaient avoir lieu qu'au moyen des flottes phéniciennes, que le pharaon comptait comme les siennes propres, la Phénicie étant soumise à son sceptre. En même temps il est évident qu'avant l'occupation définitive de Théra par les Phéniciens, il dut y avoir une assez longue période de rapports purement commerciaux entre les navigateurs de Chanaan et les indigènes des îles, rapports tels que ceux dont nous retrouvons ainsi les traces palpables.

XII.

Les ruines recouvertes par le tuf ponceux de Santorin, bien qu'un peu plus anciennes que celles de la Troade, nous offrent donc des objets de provenance étrangère et des imitations de ces objets. En un mot, on y saisit des traces manifestes, quoique restreintes, de l'influence phénicienne, qui font absolument défaut à Hissarlik. Voici un second fait parallèle à celui-ci.

Dans les tombes les plus anciennes des Cyclades on rencontre, associées encore à des armes de pierre (principalement des pointes de flèche en obsidienne de Milo[1]) et à des poteries lissées sans peintures, des statuettes en marbre de Paros représentant toutes une femme nue, les bras croisés sur la poitrine; on peut en voir dans tous les musées et spécialement à Londres une riche série[2]. Ce sont les œuvres informes d'un art plus que barbare; mais, malgré la rudesse du travail, il est impossible d'y méconnaître une imitation des figures de la Vénus asiatique, dans la même attitude, que l'on rencontre en si grand nombre des rives du Tigre à l'île de Chypre, sur toute l'étendue du monde chaldéo-assyrien, araméen et phénicien. Le premier type en est la Zarpanit ou

FIGURINE PRIMITIVE DES CYCLADES

Zirbanit babylonienne, fréquemment représentée sur les cylindres et dans des idoles de terre cuite dont la fabrication commence aux temps les plus primitifs de la Chaldée et se continue chez les Assyriens. Les statuettes des Cyclades en forme d'une femme nue semblent donc être les grossières copies faites par les indigènes à la naissance de leur civilisation, d'après les images de la déesse asiatique apportées par les marchands phéniciens. Et dans une figure de terre cuite, que j'ai moi-même recueillie dans un tombeau préhellénique à Santorin et qui est mainte-

1. J'ai eu tort de contester autrefois cette association sur des dires des gens d'Anaphé, que je n'avais pas suffisamment contrôlés. Depuis j'en ai acquis des preuves positives, qui confirment les assertions de Ross.

2. Je ne connais qu'une seule figure de cette classe qui représente une figure virile, également nue; elle est au Musée Britannique.

nant au Musée Britannique, je crois reconnaître l'empreinte du travail oriental, avec un art plus avancé. Je la regarde donc comme un des modèles apportés de l'Asie et imités dans les figurines de marbre, dont le centre de fabrication a dû être à Paros même ou à Oliaros.

Mais quelque barbares que soient ces dernières, elles sont presque de vraies œuvres d'art à côté des idoles troyennes exhumées par M. Schliemann. Celles-ci sont, en effet, encore plus grossières, plus informes, et me paraissent donner une idée exacte des premières tentatives des populations indigènes pour représenter la figure humaine sans être guidées par les modèles des peuples plus expérimentés de l'Asie sémitique. Surtout on n'y aperçoit aucune trace de l'influence du type consacré, et très-nettement caractérisé dans sa pose, dont on peut suivre

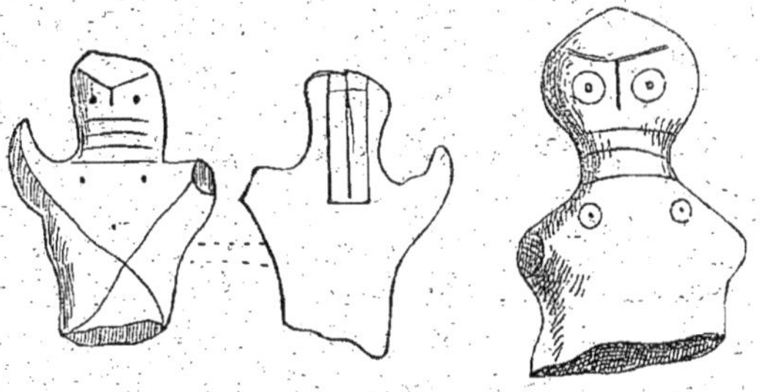

IDOLES TROUVÉES A HISSARLIK.

la marche et les étapes successives depuis les bords de l'Euphrate, où il avait pris naissance, jusque dans les Cyclades.

Si donc nous constatons, à l'aide des trouvailles récentes que confirment les monuments égyptiens, une sorte de demi-civilisation commune dans leur âge héroïque à toutes les populations qui habitaient autour de la mer Égée et dans ses îles, il y a pourtant une différence à noter entre les îles mêmes et la côte d'Asie Mineure. Aux données communes se mêlent dans les îles des éléments incontestablement phéniciens, qui ne se rencontrent pas sur le littoral de la Péninsule asiatique. Mais ceci concorde très-exactement avec les souvenirs, si vagues et si obscurs qu'ils soient, que l'on peut glaner dans les traditions grecques sur les établissements des Phéniciens dans ces contrées. Étroitement unis aux Cariens, à tel point qu'on ne parvient pas à distinguer nettement ce qui appartient proprement aux uns et aux autres, les fils de Chanaan, dans une période très-reculée, bien avant la guerre de Troie et même l'établissement de la monarchie des Pélopides, avant les Argonautes, les fils de Chanaan dominent en maîtres incontestés sur l'Archipel. Partout on y signale leur antique présence et on les montre exploitant les pêcheries ou faisant ouvrir à leur profit par les habitants les filons miniers. C'est là proprement le siége de leur empire maritime et colonial. De là ils rayonnent vers les côtes des deux continents situés à l'est et à l'ouest. Mais ils semblent y rencontrer une vigoureuse résistance dans les populations continentales, plus compactes et plus en état de leur résister que celles des îles. En Grèce, ils paraissent ne parvenir à prendre pied que sur un petit nombre de points, comme lorsqu'ils fondent la colonie béotienne de Cadmus. Mais le littoral de l'Asie Mineure leur demeure bien plus obstinément fermé. Depuis la Carie jusqu'à l'entrée du Pont-Euxin, sur toute la côte ionienne, on ne parvient à entrevoir aucun vestige, aucun souvenir, même à demi effacé, d'un établissement phénicien. Ce silence de la tradition légendaire à leur endroit, dans la région que j'indique, prend une haute valeur par les découvertes de la Troade, où leur action se montre également absente.

Le vrai, le seul foyer de l'influence des Phéniciens sur les populations gréco-pélasgiques a donc été uniquement dans les îles. Là seulement ils se sont établis à demeure et pour plusieurs siècles, renouvelant leurs établissements à diverses reprises; là seulement ils ont implanté leur industrie chez les indigènes soumis à leur domination. Ainsi s'explique l'avance marquée que les îles de l'Archipel, si dépourvues ensuite d'action politique réelle pendant les grands siècles de la Grèce, ont eue dans ces âges reculés sur les deux continents voisins. Chaque jour le progrès des découvertes, la connaissance plus précise des monuments primitifs des contrées helléniques et de la provenance habituelle des diverses classes de ces monuments, tendent à montrer que les apports qui paraissent le plus certainement appartenir aux Phéniciens dans la grande œuvre de la civilisation et de la culture industrielle des Grecs, l'alphabet, la fabrication des vases peints et celle des broderies dites *théréennes* d'après l'île de Théra, se sont d'abord naturalisés et développés dans les îles de la mer Égée. C'est de ces îles, après y avoir fait une sorte d'étape, après y avoir perdu dans une certaine mesure le caractère étranger, que ces connaissances et ces industries ont ensuite été portées sur le continent grec et y ont pris également racine. De la même façon, le culte de l'Astarté asiatique, devenue Vénus-Aphrodite, ne semble pas avoir été implanté directement de la Phénicie même dans le Péloponèse et la Grèce continentale. Il a fallu qu'il eût d'abord à Cythère, où l'avaient établi les Chananéens en y fondant une station navale, un premier foyer indigène, d'où il rayonna sur les pays voisins.

L'étude la plus importante pour faire pénétrer un rayon de lumière dans ces ténèbres épaisses, la seule qui puisse fournir un fil conducteur d'une solidité incontestable, est celle de l'histoire de l'écriture. Or, que nous montre-t-elle? L'alphabet grec, comme la tradition antique le savait, dérive de celui des Phéniciens; ce sont les fils de Chanaan qui ont directement apporté en Grèce leur grande et féconde invention de l'écriture alphabétique. Mais cet alphabet grec, c'est précisément l'île phénicienne par excellence, Théra, qui nous en offre les plus anciens spécimens, ceux qui remontent au IXe siècle avant l'ère chrétienne, sinon un peu plus haut, et aussi les seuls où cet alphabet, comportant seulement les vingt-deux lettres phéniciennes, en conserve encore fidèlement les formes. C'est donc dans cette île seulement, et aussi à Mélos, que nous le voyons se maintenir jusqu'assez tard, tel qu'il le fut à l'origine, dans l'état même de sa première transmission. Partout ailleurs, en Grèce, nous ne rencontrons que des variétés d'alphabet de formation postérieure, ajoutant déjà aux vingt-deux signes importés par les Phéniciens les quelques lettres de création nouvelle et indigène que la légende disait inventées par Palamède à l'époque de la guerre de Troie. Quant à l'Asie Mineure, elle a d'abord un système d'écriture tout différent, venu d'une autre source, comme les seules influences qui agirent profondément sur elle, le système qui se maintint si longtemps en Chypre. Aussi l'alphabet ne s'y naturalise-t-il que bien plus tard qu'en Grèce, et venant de la Grèce, après l'établissement des colonies éoliennes et ioniennes. En effet, aucun des alphabets indigènes de l'Asie Mineure, ni chez les Phrygiens, ni chez les Lyciens, ni même chez les Cariens, ne se rattache directement à la source phénicienne. C'est de l'écriture grecque et même des alphabets grecs de formation secondaire qu'ils sont tous sortis[1].

XIII.

Une circonstance, que l'on peut aujourd'hui constater, permet de mieux comprendre comment les Phéniciens, à cette époque de leurs plus anciennes navigations, furent si complétement repoussés des côtes de l'Asie Mineure et comment les populations de ces contrées se tinrent alors absolument en dehors de leur influence. C'est que précisément à cette époque les populations pélasgiques du littoral d'Asie étaient en proie à un grand mouvement de migrations qui entraînait leurs derniers

1. On peut déjà voir la preuve de ceci dans mon article *Alphabetum* du *Dictionnaire des Antiquités*, publié par la maison Hachette.

essaims vers la mer et, les poussant à y chercher le chemin de nouveaux établissements, en faisait naturellement les ennemis du peuple qui avait acquis la suprématie sur l'Archipel.

Nous devons la révélation de ce fait capital aux monuments égyptiens. Car, ainsi que le disait M. Renan, « un curieux phénomène est en train de se passer en critique. L'Égypte sera bientôt comme une espèce de phare au milieu de la nuit profonde de la très-haute antiquité. Les textes égyptiens deviennent les documents les plus anciens de la vieille histoire de l'Asie antérieure et du monde méditerranéen ».

C'est ici que doivent trouver place les récentes et si ingénieuses remarques de M. Maspéro sur les événements dont il a, mieux que personne avant lui, compris le caractère et la portée.

Autant qu'on en peut juger, observe ce savant, une grande révolution s'accomplit dans les pays situés autour de la Mer Égée vers les dernières années de la XVIIIe dynastie égyptienne. « Les Phrygiens, isolés dans l'intérieur des terres, n'y prirent aucune part et laissèrent le soin de l'achever à cette catégorie de peuples à moitié légendaires, Méoniens, Tyrséniens, Troyens, Lyciens, que les historiens classiques et les monuments égyptiens nous font connaître. D'après les traditions du pays, Manès, fils de Zeus et de la Terre, eut Cotys de Callirhoé, fille de l'Océan. Cotys engendra Asios, qui donna son nom à l'Asie, et Atys, qui fonda en Lydie la dynastie des Atyades. Callithéa, fille de Tylos et femme d'Atys, mit au monde deux fils, nommés, selon les uns Tyrsênos ou Tyrrhênos et Lydos, selon les autres, Torrhêbos et Lydos. L'examen de cette généalogie, où sont compris tous les héros éponymes du pays, montre qu'il y eut d'abord sur la côte ouest de l'Asie Mineure un grand peuple appelé Mæones, formé de plusieurs tribus, les Lydiens, les Tyrsènes ou Tyrrhènes (*Tourscha*), les Torrhêbes, etc. Quelques-unes de ces tribus, attirées vers la mer sans doute par l'attrait de la piraterie, finirent par quitter le pays et par aller chercher fortune au loin. « Aux « jours d'Atys, fils de Manès, raconte Hérodote, il y eut une grande « famine par toute la terre de Lydie... Le roi se résolut à partager la « nation par moitié et à faire tirer les deux portions au sort : les uns « devaient rester dans le pays, les autres s'exiler. Il continuerait de « régner lui-même sur ceux qui obtiendraient de rester : aux émigrants « il assigna pour chef son fils Tyrsênos. Le tirage accompli, ceux qui « devaient partir descendirent à Smyrne, construisirent des navires, y « chargèrent tout ce qui pouvait leur être utile et partirent à la recherche « de l'abondance et d'une terre hospitalière. Après avoir passé bien des « peuples, ils parvinrent en Ombrie, où ils fondèrent des villes qu'il s

« habitent jusqu'à ce jour. Ils quittèrent leur nom de Lydiens, et, d'après « le fils du roi qui leur avait servi de guide, se firent appeler Tyrsé- « niens. » Quoi qu'en dise Hérodote, cette migration ne se fit pas en une seule direction : elle se prolongea pendant près de deux siècles, du temps de Séti Ier au temps de Rhamsès III, et porta sur les régions les plus diverses. On trouve les Pélasges Tyrrhéniens à Imbros, à Lemnos, à Samothrace et dans la péninsule de Chalcidique, sur les côtes et dans les îles de la Propontide, à Cythère et sur la pointe méridionale de la Laconie. Leur migration vagabonde, qui pendant un certain temps les fait aller un peu dans toutes les directions par les mers, apparaissant au milieu des nations de la Grèce déjà fixées depuis plusieurs siècles, puis tout à coup disparaissant des lieux où ils avaient semblé vouloir s'établir, comme de l'Attique, sans autres causes discernables qu'un irrésistible besoin de vie errante, entraînant avec eux à leur départ des essaims de ces nations et recommençant ensuite sur d'autres points jusqu'à ce que leur masse se porte sur l'Italie, laissant seulement derrière elle dans la Mer Égée quelques faibles tribus bientôt absorbées par leurs voisins — cette migration d'un caractère tout particulier, qui fut la dernière dont les contrées helléniques furent le théâtre avant l'invasion dorienne, était jusqu'à présent un phénomène inexplicable dans les annales primitives de la Grèce. C'est seulement aujourd'hui que nous pouvons en comprendre la nature et la remettre dans son vrai cadre. En réalité, dans tous les mouvements confus de population que nous discernons maintenant durant cette période de deux siècles dans le bassin oriental de la Méditerranée et qui viennent à plusieurs reprises se heurter à l'Égypte, le fait dominant est la migration errante de l'ensemble de tribus désignées dans les souvenirs des Grecs sous le nom général de Pélasges Tyrrhéniens. Les autres nations n'y apparaissent guère qu'à l'état d'essaims attirés dans leurs courses. »

XIV.

Il faut faire une place à ces faits dans l'histoire des navigations phéniciennes au milieu des mers de la Grèce. Et je crois que leur constatations permet de mettre un peu d'ordre et de clarté dans cette histoire jusqu'ici tellement obscure et tellement embrouillée.

C'est là un sujet dont je me suis occupé déjà dans un travail spécial, et je crois être parvenu à y déterminer un certain nombre de faits, principalement archéologiques, qui sont exacts et qui devront rester. Mais pour le classement des faits et surtout pour la détermination des époques et de la nature spéciale à chacune des phases successives par lesquelles passèrent les relations des Chananéens avec les contrées grecques, je manquais de certains éléments décisifs que l'on possède actuellement. J'avais donc été obligé de laisser à l'état d'un chaos, où les diverses époques ne se discernaient pas nettement, les premiers faits que j'avais recueillis. Mais il me semble que l'on peut aujourd'hui faire de nouveaux progrès dans cette étude, et qu'une lumière plus sûre ressort à la fois des indications des monuments égyptiens et de l'étude des sépultures fouillées depuis un certain nombre d'années en Chypre et à Camirus dans l'île de Rhodes. Sur les premières nous avons les renseignements très-précis publiés par M. Lang; sur les secondes, l'amicale obligeance de M. Newton m'a permis de consulter le journal des fouilles, tel qu'on le possède au Musée Britannique. Par là nous connaissons la succession réelle des différentes natures d'objets en étages superposés de tombes, qui détermine la succession des civilisations dans le temps. Des faits matériels et positifs sont constatés désormais, qui doivent nous servir de jalons.

Les plus anciens souvenirs des Chananéens sur leur établissement le long de la côte de Phénicie, tels que la date de la fondation du temple de Melqarth à Tyr, recueillie par Hérodote, appartiennent à l'époque de la domination des Pasteurs en Égypte, et tout semble indiquer que leurs tribus vinrent en effet des bords du golfe Persique, leur berceau premier, en Syrie, dans le grand mouvement de peuples dont une partie se rua alors sur l'Égypte et lui imposa pour plusieurs siècles une domination étrangère. A peine établis sur le littoral qui fut désormais leur demeure, les Phéniciens commencèrent à équiper des vaisseaux et à exercer le métier de navigateurs, qui ne leur avait sans doute pas été étranger dans leur première patrie. Gebal ou Byblos et Sidon se succédèrent en ces temps reculés dans la suprématie sur les autres cités; et déjà les Giblites avaient poussé vers la Mer Égée, puisque c'est à eux que la tradition attribue la fondation d'un établissement à Mélos. Mais le grand développement des voyages maritimes des Phéniciens et de leur thalassocratie paraît avoir surtout coïncidé avec le règne en Égypte de la XVIIIe dynastie, devenue, après l'expulsion des Pasteurs, suzeraine de toute la Syrie par la force des armes.

Les beaux travaux de Movers ont établi que ce premier épanouissement des navigations phéniciennes et la domination qui en fut le résultat portèrent presque exclusivement sur les mers grecques, et plus au nord dans la direction du Pont-Euxin, où ils allaient chercher les trésors de la

Colchide. Les migrations des plus anciennes populations de la Grèce, dont une partie au moins, celles des Ioniens, avaient dû se faire par mer, à l'aide de moyens de navigation encore très-grossiers, étaient terminées; celle des Pélasges Tyrrhéniens n'avait pas commencé. La mer était donc libre, et aucun des peuples riverains n'avait su y créer une marine qui pût tenir tête à celle de Chanaan. Aussi leur fut-il facile, avec l'aide des Cariens leurs alliés, ou plutôt leurs associés, de se rendre maîtres des îles et d'intercepter presque complétement les communications qui avaient antérieurement existé entre l'Asie et la Grèce; mais nous avons vu tout à l'heure qu'il n'avaient pas été si heureux sur les côtes continentales, où la résistance contre eux était plus facile.

Il faut, du reste, reconnaître maintenant à ce premier empire maritime un caractère particulier, bien distinct de celui de leurs navigations postérieures dans les mêmes contrées, caractère qui explique le peu d'influence qu'il eut sur les mœurs et la culture des nations voisines. Les Phéniciens n'allaient pas alors dans les mers de la Grèce en marchands paisibles, cherchant chez des peuples déjà raffinés des débouchés pour les produits de luxe de leurs manufactures. Ils se portaient au milieu de peuples encore tout à fait barbares, pour tirer de leur pays les matières premières nécessaires à ces manufactures; c'est, d'ailleurs, ce qui résulte aussi très-clairement de tous les souvenirs qui se maintinrent ensuite dans les diverses localités sur les premières relations des indigènes avec les Phéniciens. Ce qu'ils allaient y chercher, c'était le murex nécessaire à leurs teintureries de pourpre, certains poissons qu'ils salaient et dont ils faisaient ensuite un grand commerce après les avoir rapportés dans les entrepôts de leur cité, les métaux dans les îles où ils en avaient reconnu des filons, enfin certaines autres matières naturelles, comme la terre savonneuse de Cimolos, le soufre et l'alun de Mélos, peut-être l'émeri de Naxos. La grande pêche et l'exploitation minière étaient donc les deux objets de leurs voyages. Il est probable qu'ils réservaient pour eux seuls et pour les Cariens le travail de la pêche, car elle était dès lors, comme de tout temps, la meilleure école des matelots, et c'eût été agir contre leurs propres intérêts que d'y former les indigènes. Mais, usant de leur force, c'est ceux-ci qu'ils employaient aux pénibles travaux des mines. Ainsi dans les îles, dont la possession de la mer par leurs vaisseaux les rendait absolument maîtres et où les habitants n'avaient pas le moyen de leur résister efficacement, ce n'est pas à l'état de commerçants qu'ils se montraient, mais à l'état d'exploiteurs avides et sans pitié. Réduisant les indigènes à un état de véritable ilotisme, ils les faisaient travailler sous le bâton, et s'ils leur apportaient quelque chose en échange des trésors qu'ils tiraient de leur sol, c'était uniquement le supplément de denrées alimentaires que la population des îles a eu toujours besoin de tirer de l'extérieur, ou bien quelques objets de première nécessité, fabrications de pacotille confectionnées exprès pour la troque, comme celles que nos négociants envoient encore aux nègres de la côte occidentale d'Afrique. Tout semble indiquer que, dans leur âpre esprit de gain, les Phéniciens avaient dès lors adopté à l'égard des habitants des îles de la Mer Égée toutes les précautions soupçonneuses que les Carthaginois appliquèrent ensuite aux peuples qu'ils exploitaient. Ils ne cherchaient pas à les conquérir à leur civilisation, trouvant plus facile et plus avantageux d'avoir affaire à des peuples à demi sauvages. On se demande même, quand on examine les vestiges restés dans les lieux où il est le plus certain qu'ils ont les premiers fait ouvrir les mines, s'ils y traitaient le minerai sur place et s'ils ne préféraient pas, après l'avoir fait tirer du sol, l'emporter sur leurs vaisseaux à l'état brut plutôt que d'apprendre aux indigènes l'art de l'ouvrer; car dans ces lieux on trouve plus de traces de fouilles que de fonderies.

Sur les côtes des deux continents, où ils n'avaient plus la même facilité d'agir en maîtres, ils préféraient au rôle de commerçants réguliers celui de pirates, apparaissant dans de brusques descentes pour enlever des esclaves qu'ils vendaient ensuite sur les marchés de l'Orient. C'est ainsi qu'ils habituèrent les populations gréco-pélasgiques à voir dans la piraterie un métier comme un autre, celui de chasseur ou de pêcheur par exemple, et que le premier nom de grec du pirate, κιξάλλης, fut emprunté à la langue phénicienne (de *schalal*). Ces brigandages éhontés et l'impression que devait produire le spectacle de la cruelle condition qu'ils faisaient à ceux qui ne pouvaient leur résister, furent sans aucun doute les causes qui fermèrent rigoureusement à leur établissement et à leur influence les côtes de l'Asie Mineure pendant toute la période dont nous parlons.

Dans les îles mêmes, la manière dont les Phéniciens exerçaient leur domination, fit qu'ils n'eurent pas sur les habitants l'action civilisatrice que l'on pourrait croire d'abord. Ils n'exercèrent pas sur eux plus d'influence, ni d'une autre nature, que n'en ont eu, au commencement de ce siècle, les baleiniers anglais ou américains sur les indigènes de la Polynésie, plus que n'en ont encore aujourd'hui sur les Esquimaux du Groënland les navigateurs européens qui vont dans leurs parages pour la grande pêche. Ils ne changèrent pas leurs mœurs; ils ne leur enseignèrent pas des arts plus civilisés. Tout au plus répandirent-ils parmi eux quelques poteries et quelques idoles, que les insulaires copièrent grossièrement. Les découvertes faites sous le tuf ponceux de Santorin donnent une idée très-exacte de ce qu'était alors, dans les îles fréquentées par les Phéniciens, l'état de culture des habitants indigènes, et en même temps la mesure du degré d'influence que leur contact avait exercé sur les mœurs et l'industrie de ces indigènes.

XV.

Les peuples maritimes de l'Asie Mineure qui tenaient les côtes de leur pays le plus fermées aux Phéniciens, et aussi ceux du continent de la Grèce proprement dite, s'étudièrent pourtant sur un point à suivre l'exemple de ces étrangers, aussi détestés que redoutés, et à profiter des enseignements qu'ils leur donnaient ; ce fut dans les choses de la navigation. « Habitués de bonne heure à la pêche, dit très-bien M. Ernest Curtius, ils commencèrent à munir leurs barques de quilles qui les rendirent capables de trajets plus audacieux ; sur le modèle du navire de commerce, aux formes arrondies et au large ventre, ils construisirent le « cheval de mer, » comme ils l'appelaient ; ils apprirent à se servir de la voile en même temps que de la rame ; le pilote, à son banc, tint le regard fixé, non plus sur les accidents successifs du rivage, mais sur les constellations. Les Phéniciens avaient découvert au pôle l'étoile sans éclat qu'ils reconnaissaient comme le guide le plus sûr de leurs courses nocturnes ; les Grecs choisirent une constellation plus brillante, la Grande Ourse, mais, s'ils ne déployèrent pas en cela la même sûreté d'observation astronomique que leurs maîtres, ils devinrent pour tout le reste leurs disciples et leurs rivaux heureux. Par là ils réussirent à chasser les Phéniciens de leurs eaux. » A leur tour les Argonautes franchirent les dangers si redoutés des Symplégades, pénétrèrent dans le Pont-Euxin et firent voile vers Colchos.

La migration des Pélasges Tyrrhéniens profita de ces progrès tout nouveaux, qui lui donnèrent son caractère particulier. Pendant deux siècles, comme nous l'avons vu tout à l'heure d'après les sources égyptiennes, qui rendent tant de valeur, en l'éclaircissant, à la tradition rapportée par Hérodote — pendant deux siècles la Méditerranée orientale fut sillonnée de nombreux essaims de populations pélasgiques qui, transportés tout entiers sur des flottes nombreuses, comme au xe siècle de l'ère chrétienne ceux des Normands, erraient en quête d'un établissement nouveau, des rivages de la Grèce à ceux de l'Afrique, de l'Asie Mineure à l'Italie, tentant même quelquefois des descentes dans le Delta du Nil, quand la puissance de la monarchie égyptienne leur paraissait affaiblie par la vieillesse des rois ou par les troubles civils. Puis quand un certain ordre s'établit au milieu de cette confusion, quand le flot de la navigation se fut déjà écoulé en partie, le premier empire de la Grèce antique fut un état d'îles et de côtes, le premier roi un roi de mer, Minos. Le centre de la puissance parfaitement réelle et historique au souvenir de laquelle s'est lié ce nom tout mythologique, était dans la Crète, où de nouvelles tribus arrivées du continent, celle que l'histoire traditionnelle de cette contrée appelle spécialement les Pélasges, étaient venues renforcer l'élément des anciens habitants, les Étéocrètes, et les avaient aidé à secouer le joug des Phéniciens.

A Minos, comme nous le raconte Thucydide, on attribuait la gloire d'avoir réprimé les pirateries dans les îles de l'Archipel et d'y avoir mis fin à la domination des Phéniciens et des Cariens. Il personnifiait ainsi l'action libératrice qui avait marqué cette période.

En effet, devant la création d'une marine indigène et les flots de populations armées qui se portaient sur les mers, les Chananéens avaient dû nécessairement reculer, abandonnant leur empire des Cyclades. Mais ils ne pouvaient pas renoncer définitivement aux profits qu'ils trouvaient dans la navigation vers ces contrées. Ils paraissent alors avoir adopté un nouveau plan de conduite, dont la réalisation ouvre une nouvelle phase dans l'histoire de leurs entreprises maritimes. Jusque-là ils ne semblent pas avoir eu d'établissements d'un caractère permanent, de colonies, ailleurs que sur quelques points de Chypre et en Crète, où ils avaient fondé les villes d'Itanus, Lappa, Cairatos (plus tard Cnosse), Phœnicé ou Arade, Gortyne, Lebéné, et où leur séjour, antérieur à l'âge de Minos, laissa des traces ineffaçables, principalement dans la religion et les traditions mythologiques. Dans les îles, ils s'étaient contentés de la domination que leur assuraient les voyages constamment répétés de leurs flottes, sans se croire obligés, tant qu'ils n'eurent pas de rivaux, à assurer cette domination par des postes fortifiés. Désormais ils choisirent un certain nombre de positions de première importance stratégique, faciles à défendre et à ravitailler, Mélos et Théra dans les Cyclades, Cythère au sud du Péloponnèse, Rhodes sur la côte de la Carie, et ils y fondèrent de véritables colonies, qu'ils parvinrent toutes à maintenir jusqu'à l'invasion dorienne. Je ne sais s'il faut réellement ajouter à cette liste l'établissement plus septentrional de Thasos, qui succomba le dernier, bien après les autres, et qui fut peut-être une création postérieure des Tyriens, car c'est surtout dans les siècles de la suprématie de Tyr sur les autres cités phéniciennes qu'il apparaît florissant. Quant aux autres localités que je viens de mentionner, c'est pour tous sans exception dans le XVe siècle avant notre ère que la tradition grecque y place la fondation de la colonie phénicienne, bien qu'elle connaisse les navigations plus anciennes du même peuple. Et cette époque, indiquée unanimement par les chronographes, tombe précisément après le commencement que nous pouvons assigner aujourd'hui aux migrations maritimes des Pélasges Tyrrhéniens et avant la thalassocratie de Minos. Théra et Mélos sont formellement exceptées du fait général de l'expulsion des Phéniciens des Cyclades. Des témoignages d'un poids aussi considérable que celui de Thucydide affirment que les Doriens y trouvèrent encore les fils de Chanaan et fixent la date de cet événement. Quant à Rhodes, les historiens locaux Ergias et Polyzélus citaient même le nom parfaitement phénicien du roi de cette nation, Phalas (*Phalou*), que les Doriens chassèrent de Camirus et d'Ialysus.

Ce nouveau système de création d'établissements fixes et capables de résister, sur un petit nombre de points seulement, était commandé par le changement des circonstances. Mais il coïncida peut-être aussi avec le passage de l'hégémonie en Chanaan des mains des gens de Byblos à celles des Sidoniens. Je suis assez disposé à croire aujourd'hui que Movers a eu raison de ne faire commencer que vers le XVe siècle la suprématie sidonienne, et que dans mes précédents travaux je la faisais remonter trop haut. En effet, le curieux voyage d'un Égyptien de la XIXe dynastie en Phénicie et en Palestine, que contient le papyrus Anastasi no I (au Musée Britannique), n'applique à Sidon aucune épithète qui montre qu'elle fût déjà « la grande Sidon » du temps de Josué. Il la mentionne sur le même pied que les villes voisines de Béryte, de Sarepta, de Tyr ; il s'arrête, au contraire, avec plus de détail sur Gebal, et l'importance qu'il y attache serait de nature à faire croire que cette cité était encore de son temps la métropole du pays. Quoiqu'il en soit, d'après la date même de leur ruine par les Doriens, les établissements de Théra, de Mélos et de Rhodes, fondés au XVe siècle, ne résistèrent pas seulement à la puissance maritime crétoise ; ils survécurent à la chute de Sidon sous les coups des Philistins, en 1209, et ils subsistèrent encore plus d'un siècle et demi, sous l'hégémonie tyrienne.

XVI.

La thalassocratie de Minos, sur laquelle nous reviendrons plus loin pour déterminer les limites précises de son caractère historique d'après les monuments égyptiens, ne fut qu'éphémère. C'est ainsi que la représentent les traditions grecques, qui montrent cet empire tombant en dissolution après la mort de son fondateur. La grande migration maritime était terminée ; les peuples qui y avaient pris part avaient trouvé des demeures fixes et cessé d'errer par essaims sur les flots. La mer ainsi se trouvait rouverte aux Phéniciens, qui purent dès lors recommencer à diriger leurs navires vers le nord, après les avoir fait relâcher dans les stations sûres qu'ils occupaient désormais au midi de la mer Égée. Mais ces nouvelles navigations ne pouvaient plus conduire à une exploitation oppressive des indigènes, comme celles d'autrefois. Si un Minos ne fermait plus les Cyclades aux fils de Chanaan, ils y rencontraient désormais des rivaux dont les navires étaient en état de tenir tête aux leurs, et par suite ils devaient renoncer à y exercer la prépotence qui n'avait été possible autrefois qu'en l'absence de semblables rivaux. Dans ces mers qu'ils avaient pendant plusieurs siècles sillonnées en dominateurs, ils durent accepter de reparaître seulement en marchands paisibles. Au lieu de contraindre des populations à demi sauvages à leur livrer, aux conditions qu'il leur plaisait de dicter, les trésors de leur sol, ils vinrent acheter dans des conditions égales de part et d'autre ces matières premières indispensables à leurs manufactures, en donnant en échange des produits fabriqués. Ce nouveau caractère de leurs navigations, maintenant commerciales, leur ouvrit bien vite les côtes d'où avaient été obstinément repoussés les ravageurs d'autrefois. Et un pareil résultat se produisit d'autant plus que la civilisation, longtemps stationnaire, tendait alors à se développer rapidement, avec la richesse et le goût du luxe, à la fois en Grèce et en Asie Mineure, où florissaient les puissantes monarchies qui sombrèrent ensuite dans les bouleversements amenés par l'invasion dorienne. Les peuples de ces pays avaient pris ainsi de nouveaux goûts, des besoins qu'ils ne connaissaient pas antérieurement, et offraient un débouché favorable à des produits industriels qui n'auraient pas été appréciés dans un état de barbarie plus complète.

Les poëmes homériques, particulièrement dans certains récits de l'Odyssée, offrent un tableau très-vivant, et qui semble fort exact, de la nature et des conditions des navigations des Phéniciens dans les mers grecques pendant cette seconde période. C'est en négocians avant tout préoccupés d'un trafic lucratif, et non plus avec une prétention de domination souveraine, qu'ils parcourent la mer Égée et viennent à chaque instant jeter l'ancre dans les ports de l'Asie Mineure, aussi bien que dans ceux de Grèce. Partout on y recherche avidement et l'on y vante pour leur beauté exceptionnelle les produits raffinés, les marchandises élégantes qu'ils apportent de leurs fabriques, étoffes fines et brillantes, teintes en pourpre ou brochées, broderies éclatantes, bijoux, vases d'argent artistement ciselés. Sans doute ils n'ont pas complétement renoncé à la piraterie; le naturel reprend le dessus quand ils trouvent l'occasion favorable; et ils profitent des discordes des Grecs entre eux pour vendre aux uns les esclaves qu'ils sont parvenus à enlever chez les autres, comme Eumée, pris à Syros et vendu à Ithaque. Mais ce sont là des coups de mains isolés et individuels, qui n'interrompent pas les relations commerciales régulières. Il n'y a pas alors de marins qui ne regardent cette piraterie occasionnelle comme un accessoire légitime du négoce. Chez Homère, quand des inconnus abordent quelque part, on leur demande ingénument s'ils sont marchands ou pirates, sans que cette dernière hypothèse ait le moins du monde le caractère d'une injure. Les Grecs qui se livrent à la navigation, par exemple les Taphiens, en usent de même à l'égard des Phéniciens, tout en allant commercer dans leurs villes, et si la possibilité s'en offre à eux, ils enlèvent à leur tour des esclaves jusque dans la campagne de Sidon, comme la femme qui chez Ctésius, roi de Syros, reconnaît les pirates de son pays et leur ouvre les portes.

Il y a même une part considérable de vrai dans les remarques si ingénieuses de M. Gladstone sur la manière dont les Sidoniens — c'est le nom qu'emploie toujours l'ancienne poésie grecque au lieu de celui de Phéniciens et qui est à lui seul digne de remarque — sur la manière dont les Sidoniens apparaissent au milieu des incidents de la guerre troyenne, comme un peuple de marchands qui reste indifférent à la querelle entre les populations d'Europe et celles d'Asie, et qui garde strictement le rôle de neutre pour pouvoir commercer à la fois avec les deux partis. L'éminent homme d'État y verrait volontiers presque un modèle de la ligne politique qu'il avait conçue comme devant être celle de l'Angleterre.

En tout cas, la nouvelle manière de procéder des Sidoniens dans leurs rapports avec les populations riveraines de la mer Égée rendit ces populations bien plus accessibles à l'influence de leur civilisation. Les effets d'un commerce pacifique devaient être nécessairement tout autres que ceux des razzias oppressives de farouches écumeurs de mer. Il n'y avait plus pour les usages et pour les enseignements de ces étrangers la même répulsion qu'autrefois. Les œuvres industrielles que l'on recevait d'eux étaient devenues à la mode. C'étaient des modèles que l'on cherchait à imiter, et déjà la Grèce et l'Asie Mineure, plus civilisées, possédaient des ouvriers capables de les copier, bientôt de les surpasser. L'influence que les formes favorites de l'art et de l'industrie des Phéniciens exercèrent sur l'art et l'industrie de ces contrées dans leur premier développement, est un fait incontestable. Mais il ne paraît pas moins positif aujourd'hui — et nous en indiquerons les preuves — que cette influence ne commença à devenir très-grande qu'à partir de la fin du XIVe siècle ou du commencement du XIIIe. C'est donc seulement quand ils se présentèrent en marchands, pendant la période sidonienne, que les fils de Chanaan eurent pour la Grèce et l'Asie Mineure le rôle d'initiateurs, qu'ils avaient négligé de prendre alors qu'ils dominaient en maîtres trop durs sur les Cyclades.

Ce qui y contribua plus puissamment peut-être que toute autre chose, ce fut le caractère qu'avaient pris désormais leurs établissements de Théra, de Mélos et de Rhodes, devenus, avec ceux de Chypre qu'ils avaient en même temps renforcés, des foyers de culture chananéenne, bien plus à portée des deux rives de la mer Égée que la Phénicie même, et par suite en relations bien plus constantes avec elles. Du moment que les Phéniciens s'étaient restreints dans les mers grecques à la possession de quelques positions navales bien choisies, ils en avaient fait de véritables colonies; ils y avaient installé un noyau de population capable de se suffire à lui-même, et ils avaient dû s'étudier à s'assimiler les indigènes, à les conquérir complétement à leurs mœurs, de manière à se les rendre plus fidèles. Ils avaient donc transplanté dans ces colonies leurs usages et leur industrie. Ils avaient fait de chacune une Phénicie en miniature.

Et ceci n'est pas une simple conjecture. C'est la conclusion qu'impose d'une manière impérieuse l'étude des feuilles de Chypre et de Camirus, aussi bien que celle des antiquités de Santorin. Dans les nécropoles de Chypre et de Camirus il y a une couche de sépultures entièrement phénicienne, qui semble transporter dans les villes de la côte de Syrie. Mais elle est superposée à une couche pélasgique indigène, celle où se rencontrent les objets analogues à ceux de Hissarlik; couche où l'action des premiers contacts avec les Chananéens, si tant est qu'elle existe, n'est pas plus prononcée que dans les villages enfouis sous le tuf ponceux de Théra et de Thérasia. Nous verrons bientôt à déterminer d'après les monuments égyptiens la date de la couche primitive et je crois qu'il sera possible d'établir que c'est jusqu'au XIVe siècle qu'on doit la faire descendre. Quant à la couche purement phénicienne, qui y succède, elle se prolonge sans changement, et d'accord avec les faits attestés par Thucydide pour Mélos, par Ergias et Polyzélus pour Rhodes, jusqu'à l'arrivée des Doriens, à laquelle correspond un troisième étage de sépultures. Celles-ci sont principalement marquées dans leurs débuts par la présence d'une classe toute particulière de vases peints, dont la fabrication a dû être locale, car on n'en rencontre nulle part ailleurs de pareils, et dont les plus récents offrent des inscriptions grecques dans la paléographie spéciale à Argos, ce qui confirme les indications fournies par les auteurs sur l'origine des premiers colons doriens de Rhodes [1].

C'est aussi dans la même période de temps, et, comme je l'ai dit plus haut, dans les mêmes foyers de culture phénicienne, qu'eut lieu la naturalisation de l'usage de l'alphabet, l'application des 22 lettres de l'écriture des fils de Chanaan aux sons de l'idiome des Grecs. En effet, la date, en somme assez tardive puisqu'on ne peut les attribuer qu'au IXe siècle, et quelques-uns tout au plus à la seconde moitié du Xe — la date à laquelle appartiennent les plus anciens monuments connus de l'alphabet grec cadméen, ceux où il est encore exactement conforme au type phénicien, ne permet pas de faire remonter plus haut cette transmission de l'écriture alphabétique et de la croire, par exemple, antérieure au siége de Troie, malgré les légendes relatives à Palamède.

XVII.

Je me suis laissé entraîner à une excursion qui semble au premier abord m'avoir beaucoup éloigné de mon sujet. Pourtant elle était nécessaire pour mettre à même d'apprécier le degré d'importance du fait, sur lequel on a insisté déjà, du manque de toute trace d'influence égyptienne, ou pour parler plus exactement égypto-phénicienne, dans les antiquités découvertes à Hissarlik, et d'en tirer des conséquences relativement à la date de ces monuments.

Je dis d'influence égypto-phénicienne et non pas proprement égyptienne, car il ne me semble pas possible d'admettre que c'eût été par un autre canal que par celui des Phéniciens que des formes et des types de l'art ou de l'industrie de l'Égypte auraient pu être introduits chez un peuple de l'Asie Mineure, surtout chez un peuple aussi reculé vers le Nord. Les contacts qui avaient résulté de faits de guerre isolés et produits par des circonstances exceptionnelles, tels que la présence des Dardaniens parmi les confédérés asiatiques à la bataille de Qadesch

1. D'un autre côté, les inscriptions d'Ibsamboul prouvent que les Rhodiens avaient déjà renoncé à cette paléographie vers la XLe Olympiade. Il y a là une date précise, au-dessous de laquelle on ne peut pas faire descendre les plus récents des vases de style particulier auxquels je fais allusion et sur lesquels je reviendrai bientôt dans un travail spécial.

et le concours donné par les Teucriens à l'entreprise maritime des peuples pélagistes contre Ramsès III — les deux seules circonstances où les habitants de la Troade se soient heurtés aux Égyptiens — ces contacts directs avaient été trop passagers pour produire aucune action sérieuse sur la population teucro-dardanienne et sur sa culture.

Plus on avance, du reste, dans la connaissance de l'histoire de l'art antique, des anciennes écoles orientales et des débuts de la Grèce dans cette voie, plus on reconnaît que l'action immédiate de l'Égypte sur ce pays et sur l'Asie Mineure fut nulle, que les peuples assis sur les deux côtés de la mer Égée ne connurent pas l'art égyptien, mais l'art égyptisant de la Phénicie, auquel ils durent beaucoup, mais moins qu'à l'art assyrien dont l'action se propageait de proche en proche par les voies de terre jusqu'aux extrémités occidentales du continent asiatique. Il n'y a eu chez les Grecs qu'un seul moment de mode directement égyptienne, et elle a été tardive et bien peu durable. Cette mode fut le résultat de l'ouverture de l'Égypte aux Hellènes par les rois Saïtes de la XXVIe dynastie. Nous la prenons sur le fait dans quelques-unes des sépultures de Camirus, qui permettent d'en fixer le point culminant vers le temps des règnes d'Apriès et d'Amasis.

C'est d'ailleurs un fait très-étrange et encore inexpliqué, quoique certain, que le peu de puissance d'expansion extérieure de la brillante civilisation égyptienne. Au temps même des grandes conquêtes asiatiques de l'Égypte, sous la XVIIIe et la XIXe dynastie, elle a bien plus emprunté à l'Asie qu'elle ne lui a donné. C'était alors une mode sur les bords du Nil que de sémitiser dans le parler et dans un grand nombre d'usages, les textes et les monuments en font foi, tandis que rien n'indique que la réciproque se soit jamais produite au même degré en Asie. Si nous trouvons l'influence des idées et des usages de l'Égypte marquée d'une manière profonde dans la législation mosaïque, c'est que le peuple d'Israël sortait de la terre d'Égypte après un séjour de plus de quatre siècles. Mais cette influence ne s'est pas étendue plus loin que la Palestine. Elle a été absolument nulle en Assyrie [1], bien qu'à plusieurs reprises les Assyriens aient payé tribut aux pharaons et que Thouthmès III et Amenhotep III ait tenu une garnison égyptienne sur les bords du Chaboras, dans la forteresse dont les ruines, au lieu nommé aujourd'hui Arbân (*Sidikan* dans les textes cunéiformes), rendent encore de nombreux

1. Les quelques objets de style égyptisant que l'on a découvert dans certains des palais de l'Assyrie, comme les ivoires et les coupes de bronze que l'on conserve à Londres, sont certainement des productions de l'industrie phénicienne.

objets de petite dimension portant leur nom. Il ne semble même pas qu'elle ait jamais entamé, dans le nord de la Syrie, les Khétas chananéens ou les Routen araméens, tandis que l'influence assyrienne paraît si grande chez eux, surtout chez les derniers, qu'aucun trait essentiel, dans le costume et dans les produits de l'industrie, ne distingue des Assyriens.

Seuls les Phéniciens ont été profondément égyptianisés; mais ce fait leur est si exclusivement propre qu'on peut être tenté d'y chercher, comme l'a fait M. Renan, le résultat d'une parenté originaire entre le premier *substratum* ethnique de la population de la Phénicie et celle de l'Égypte. On pourrait aussi en rapporter une part aux tribus qui évacuèrent l'Égypte lors de la défaite des Pasteurs et qui se retirèrent parmi les Chananéens méridionaux; elles avaient en effet adopté une grande partie au moins des usages des bords du Nil, et puisé dans le type de l'écriture hiératique égyptienne antérieur à la XVIIIe dynastie les éléments de l'alphabet de vingt-deux lettres, que les Phéniciens popularisèrent et répandirent dans le monde. Encore ce fait n'a-t-il été en Phénicie que le résultat graduel d'une suzeraineté de l'Égypte prolongée pendant près de sept siècles, du début de la XVIIIe dynastie à la fin de la XXe. Les gens de Kefta dont nous avons trouvé l'image dans l'hypogée thébain dit de Hoskins, au temps de Thouthmès III, sont bien moins pénétrés d'influence égyptienne que les Phéniciens ne se montrent comme l'étant par la suite. Les vases de métal richement travaillés, qu'ils apportent en tribut, se rattachent, par leurs formes et leur ornementation, aux modèles chaldéo-assyriens plus qu'aux modèles égyptiens. Quant à leurs poteries peintes, les ornements qui les décorent et qui sont les mêmes que l'on voit brodés sur leur pagne court (disposé, du reste, à la manière de la *schenti* des Égyptiens), ils appartiennent aux principes d'un art bien antérieur, et d'un art et d'un système de décor qui plonge ses racines dans le plus vieux passé de l'Asie, et sur lequel nous aurons à revenir dans un autre de ces mémoires, car il a marqué aussi dans une certaine mesure son influence sur la demi-civilisation primitive des peuples pélasgiques.

Ayant ainsi justifié l'emploi du terme d'influence égypto-phénicienne, je crois qu'il n'est pas nécessaire maintenant de longs développements pour établir les conséquences à tirer au sujet de la date des antiquités découvertes par M. Schliemann en Troade, du manque absolu de toute trace de cette influence parmi ces reliques d'un peuple disparu, que nous cherchons à ressusciter de ses cendres.

Même sans arguer des mentions des Sidoniens chez Homère, en qui je ne saurai voir comme M. Gladstone un poëte voisin des événements, écrivant moins d'un siècle après qu'ils s'étaient passés, il me paraît historiquement impossible d'admettre que la Troie détruite au XIIe siècle ne fût pas en relations commerciales habituelles avec les Phéniciens, comme l'étaient alors tous les peuples voisins, que par conséquent elle n'eût pas subi dans une certaine mesure leur influence ou du moins ne renfermât pas beaucoup d'objets sortis de leurs fabriques. Une ville où l'on ne trouve aucun de ces objets, où l'on ne rencontre aucun vestige de leur imitation, ne peut être qu'une ville ruinée bien antérieurement, dans la période historique qui se termine vers la fin du XIVe siècle. C'est dire qu'on ne saurait y reconnaître la Troie homérique.

XVIII.

J'attache encore plus d'importance au manque de toute trace d'influence assyrienne, qui n'est pas moins frappant dans les antiquités de Hissarlik. En effet, si c'étaient les restes de la Troie de Priam, de la cité renversée au XIIe siècle, et plutôt vers 1126 que vers 1184 — car la chronologie d'Eratosthène avec la correction de Callimaque reste celle qui s'applique le mieux aux données qui ressortent aujourd'hui des monuments de l'Asie et de l'Égypte — nous pouvons affirmer que l'on devrait nécessairement y trouver une très-forte empreinte assyrienne, bien plus encore qu'égypto-phénicienne.

En effet, au XIIe siècle, l'empire d'Assyrie était dans sa première phase de puissance, et c'était dans la direction de l'Asie Mineure que se portait principalement alors son énergie guerrière. Nous en avons la preuve dans les récits du prisme de Teglathphalasar Ier, roi qui vivait précisément à la fin du XIIe siècle. Il y raconte ses nombreuses campagnes dans le Kourdistan actuel, dans l'Arménie et dans beaucoup de districts de l'Asie Mineure. Je ne m'occuperai naturellement ici que des dernières. Dès le début de son règne, Teglathphalasar eut affaire aux Mouskai (Moschiens), qui occupaient alors la majeure partie de la Cappadoce, où leur ancienne domination avait laissé dans les siècles postérieurs leur nom à la ville de Mazaca, plus tard Césarée. Ces Mouskai, commandés par leurs cinq rois, venaient lui disputer la possession du pays de Koummoukh (la Commagène), depuis assez longtemps déjà tributaire des rois d'Assyrie, lequel s'étendait alors dans la direction du levant jusque sur les deux rives du cours supérieur du Tigre occidental. Teglathphalasar les vainquit dans une grande bataille et reconquit le Koummoukh, au secours duquel étaient accourus les gens du pays de Kourkhiê, dans lequel je crois reconnaître avec certitude la Cilicie Trachée, où les villes de Corycus et de Coracesium conservaient encore à l'époque grecque les traces de l'ancien nom. La ville d'Ourakhnas dans le district de Parari, à l'époque grecque classique Erana des Eleuthéro-Ciliciens dans le bassin du Pinarus, s'était aussi rangée parmi les auxiliaires des rebelles du Koummoukh; mais il suffit de la victoire du roi d'Assyrie et de sa présence en Commagène pour terrifier le roi de cette ville et l'amener à se soumettre, sans que les troupes assyriennes eussent besoin d'aller jusque dans son pays.

Pour assurer la possession du Koummoukh contre un retour offensif des gens de l'Asie Mineure, Teglathphalasar entreprit de faire sentir le poids de ses armes aux pays les plus voisins. Il commença par subjuguer des districts qui dépendaient, nous dit-il, des Khatti, les Khétas des monuments égyptiens, qui par conséquent étaient situés le long de l'Amanus. Ensuite il se lança dans une expédition plus lointaine vers l'ouest, en suivant la chaîne du Taurus sans se rapprocher davantage de la mer, dans un pays « de montagnes impénétrables, semblables à la pointe d'un poignard, qui ne permettaient pas le passage des chars ». Il se dirigeait du côté du Kourkhiê, dont il eut à combattre les armées dans cette expédition, mais où il ne paraît pas avoir pénétré, car il ne s'en vante pas. Sur neuf districts qu'il mentionne comme ayant alors été conquis par lui, cinq se prêtent à des identifications naturelles et faciles avec des noms de la géographie classique; ce sont *Souira*, sur le haut Siarus ou Sarus, *Itni*, Étenna de Pamphylie, *Selgou*, Selgé, *Arzanabiou*, Anazarbe de Cilicie, et *Adanit*, Adana; ce dernier district est plus rapproché de la mer que les autres, mais le récit même indique que la seule terreur de l'approche des Assyriens en avait conduit les habitants à la soumission sans que le roi y eût porté ses pas. Le nom général de *Kharia*, appliqué à l'ensemble du pays auquel appartenaient ces districts, semblerait indiquer qu'un rameau des Cariens s'y étendait alors. En tout cas, les tribus araméennes qui occupèrent ensuite la majeure partie de la Cilicie et se prolongèrent jusqu'à l'Halys, n'occupaient pas encore ces contrées. Nous en avons la preuve par les noms des rois vaincus par Teglathphalasar, lesquels se rattachent avec certitude aux idiomes phrygo-pélasgiques. Celui du Kourkhiê s'appelait *Kilianterou* fils de *Kalianterou*, celui d'Ourakhnas *Sadianterou*. C'est toujours le même élément final que l'on retrouve dans tant de noms de l'Asie Mineure, *Scamandros*, *Mai-andros*, *Cass-andra*; le dernier le combine avec l'élément initial du nom lydien bien connu de *Sadyattes*, et on peut le restituer avec une certitude presque complète en Sadyandros ou Sadiandros.

Une autre campagne du même roi, de quelques années postérieure, eut pour théâtre une portion du Pont et de la Paphlagonie, vers l'Halys et l'Iris, là où, cinq siècles après, les Sargonides fondèrent une colonie qui devint un des boulevards de leur empire et valut à la contrée autour de Sinope le surnom de « terre assyrienne » ; on arrivait facilement dans cette région de la Petite Arménie, en laissant sur la gauche la Cappadoce, tenue par les Moschiens. C'est évidemment dans cette campagne que Teglathphalasar Ier vint au bord de « la mer supérieure du soleil couchant », c'est-à-dire du Pont-Euxin, qu'il se vante d'avoir atteint, en résumant l'étendue de ses conquêtes. L'objectif principal en était un pays de *Mousri*, dont l'ancien emplacement était encore indiqué dans les temps postérieurs par les villes paphlagoniennes de Mastrum et de Mastya[1]. En dehors de ce pays, la guerre porta aussi sur les districts d'*Élamouna* (Alméné ou Arméné de Paphlagonie), *Kharousa* (Carusa de Paphlagonie), *Tula* (probablement Zéla) et *Aïsa* (Aza du Pont). Les gens de *Koumani*, la Comana pontique, venaient au secours du Mousri, et deux fois le roi d'Assyrie eut à les combattre dans de grandes batailles.

Sans doute ces guerres sont relativement tardives, et si Teglathphalasar Ier appartient encore au XIIe siècle, il est probable que Troie avait déjà succombé, ou du moins que la guerre troyenne avait lieu lorsqu'il pénétrait en Pisidie ou sur les bords de l'Halys. Mais ce monarque n'était pas le premier de sa race qui eût porté ses armes dans cette direction. Le royaume d'Assyrie existait depuis le XVIe siècle, et dès le XIVe avait acquis une puissance extérieure considérable ; nous avons des inscriptions où Bin-Nirari Ier, qui régnait vers 1350, mentionne ses conquêtes. Vers 1270, Teglath-Samdan Ier était assez fort pour prendre Babylone et faisait sentir à d'autres contrées le poids de ses armes. Teglathphalasar lui-même a soin de faire remarquer que, si les Moschiens, quand il monta sur le trône, ne payaient plus tribut à l'Assyrie depuis cinquante ans, une partie de leur territoire en avait longtemps dépendu auparavant. Et cette indication montre le prix qu'il faut attacher au renseignement d'Hérodote, faisant remonter aux environs de 1270 l'extension de l'empire des Assyriens jusqu'à l'Halys.

Aucune grande puissance guerrière, et parvenue déjà à un haut degré

1. C'est à tort que plusieurs géographes modernes ont cherché à identifier ces deux villes. La Table de Peutinger nomme l'une, Pline l'autre; mais ils ne les mettent pas dans la même situation.

de civilisation, ni celle de l'Égypte, ni celle des anciens rois de Babylone, n'avait encore entamé l'Asie Mineure de cette façon et porté sa frontière aussi près des nations qui en occupaient la partie occidentale. La Phrygie se trouvait ainsi limitrophe des Assyriens et en relations directes avec eux. Les routes de commerce qui, par cette contrée, conduisaient de la Lydie et de la Mysie en Cappadoce, et de là en Arménie, ont été créées dès la plus haute antiquité. Elles aboutissaient désormais en plein pays assyrien. De là résultaient des relations suivies, où la supériorité de civilisation du peuple d'Assur ne pouvait manquer d'exercer une action profonde sur les populations qui avaient si longtemps résisté à celle des Phéniciens en leur fermant leurs côtes. Jusqu'alors la civilisation chaldéo-babylonienne, définitivement constituée depuis le XXIe siècle environ, n'avait pas franchi les bornes du domaine de la race sémitique, qu'elle avait presque entièrement conquise, et par suite du contact originaire des Sémites du Nord avec la Babylonie à l'aurore de leur développement et grâce aux conquêtes syriennes de Sargon Ier et de son fils Naram-Sin, contemporaines de la domination des Pasteurs en Égypte. Les Assyriens avaient hérité de cette civilisation et l'avaient perfectionnée sous certains rapports, grâce à leur génie pour les arts, bien supérieur à celui des Babyloniens sur ce point, s'ils lui étaient inférieurs dans les sciences. Leurs conquêtes du XIIIe siècle lui donnèrent tout à coup une force d'expansion prodigieuse en dehors des frontières où s'arrêtait l'extension géographique des Sémites. Bientôt toute l'Asie-Mineure occidentale en fut pénétrée d'une manière ineffaçable. A l'imitation et pour ainsi dire à l'école des maîtres assyriens se forma un art indigène, dont les œuvres se rencontrent encore sculptées sur les rochers depuis la Cappadoce jusqu'aux environs de Smyrne, et qui dans ce vaste espace, qu'habitaient pourtant des peuples différents, présente le plus remarquable caractère d'unité. Nous en devons la connaissance aux courageuses explorations et aux savantes études de M. Georges Perrot, comme aux travaux de J. Brandis la démonstration de l'origine tout assyrienne du système des poids et mesures de l'Asie Mineure, passé de là en Grèce dès une époque très-reculée. Le nom même de la mine pondérale en grec, μνᾶ, est un mot assyrien, *mana*, transmis bien évidemment par l'intermédiaire de l'Asie Mineure.

XX.

C'est précisément vers 1200 avant l'ère chrétienne qu'Hérodote place l'établissement d'une dynastie d'origine assyrienne en Lydie. Le nom d'Agron qu'il donne au fondateur de cette dynastie est un nom parfaitement sémitique, et même assyrien, *agrun*, qui signifie « le fugitif ». Quant à la généalogie qu'Hérodote, d'après les Lydiens, assigne à ce personnage, elle est très-curieuse, car elle montre que les rois Héraclides de Sardes se prétendaient issus de l'Hercule assyrien, Adar-Samdan, ou se plaçaient sous sa protection spéciale ; car après avoir donné Ninus pour père à Agron, ce qui indique l'origine ninivite, il lui attribue trois autres ancêtres, dont les noms, Βῆλος Ἀλκαῖος Ἡρακλῆς, sont précisément la traduction des titres de ce dieu lorsqu'il reçoit la qualification de « seigneur », *bel Adar Samdan*. Sandon, c'est-à-dire l'assyrien Samdan à peine altéré, nous est donné d'ailleurs comme le nom national d'Hercule en Lydie, et comme nous savons qu'on l'appelait aussi Sandan en Cappadoce, nous pouvons suivre sur la carte la voie par laquelle le culte de ce dieu a pénétré d'Assyrie en Lydie. Le Sandon lydien est d'ailleurs associé à une déesse ou à une héroïne dont le nom est aussi tout assyrien, Omphale (*umu-pale* « la mère du glaive »), et tous deux ensemble reproduisent exactement le couple légendaire de Ninus et Sémiramis ou Adar-Samdan et Istar, l'Hercule et la Vénus des bords du Tigre. La religion de la Lydie est donc marquée d'une empreinte assyrienne incontestable et profonde. De même, dans l'organisation sacerdotale du pays on rencontre des titres aussi significatifs que celui d'ἀβακλῆς, l'assyrien *aba hikal*, « l'intendant du palais » ou « du temple », titres qui portent en eux-mêmes la marque de leur origine et contrastent avec le caractère si manifestement aryen des autres mots de la langue lydienne. Tous ces faits semblent confirmer d'une manière décisive la donnée de la colonie assyrienne établissant une dynastie dans le pays, fait qui dut être le résultat des relations établies par suite de l'occupation des Assyriens en Cappadoce et dans le Pont plutôt que d'une campagne directement poussée par les rois ninivites jusqu'en Lydie ; car il me paraît difficile d'admettre que ceux-ci aient jamais dépassé la ligne de l'Halys[1]. En tout cas ils montrent dans la Lydie une véritable pro-

1. En envisageant ainsi l'établissement de la dynastie assyrienne de Sardes, on échappe à la difficulté qui résulterait d'un passage du prisme d'Assourbanipal. Ce roi y dit en effet, à propos de l'ambassade que lui envoya Cygès, que le pays de *Loudi*

vince de l'empire de la civilisation assyrienne, province tellement reconnue par les anciens eux-mêmes qu'ils ne pouvaient expliquer que par une colonie cette implantation de la culture des bords de l'Euphrate et du Tigre au pied du Tmolus et du Sipyle. Et ce rôle, la Lydie le garda jusqu'à la fin de son existence indépendante. Du VIIIe au VIe siècle elle fut, par l'entremise des cités ioniennes avec lesquelles ses relations étaient si intimes, le grand canal qui versait en Grèce les influences de l'art et de l'industrie assyrienne, jusqu'au moment où les Hellènes s'émancipèrent complétement des modèles orientaux et surent tirer un art à eux propre des enseignements qu'ils avaient reçus de l'Asie. On n'a pas fait jusqu'à présent la part assez large à la Lydie dans

VASE PEINT D'IMITATION LYDIENNE.

l'histoire du développement de l'art grec. Je suis pourtant convaincu qu'elle fut très-grande. Ce sont les Lydiens qui formèrent les premiers sculpteurs grecs de l'Ionie, de même que ceux-ci travaillèrent principalement pour les rois lydiens, quand ils commencèrent à devenir plus habiles que leurs maîtres. Et je crois aussi que la qualification de *vases d'imitation lydienne* serait le vrai nom à donner à cette classe si bien caractérisée de vases peints archaïques dont on trouve des spécimens dans toutes les parties de la Grèce, et que l'on a appelés successivement *vases égyptiens*, *phéniciens*, *pseudo-phéniciens*, *corinthiens* ou *de style asiatique*. En effet tous leurs décors sont imités de ces tapisseries ou de

avait été inconnu à tous ses prédécesseurs. Ceci indique simplement qu'il n'avait pas entretenu de relations officielles avec les rois d'Assyrie. D'ailleurs, s'il y avait quelque mention de ce pays dans les annales des rois du XIIIe au XVe siècle, il devait nécessairement y être désigné par le nom de Méonie. Celui de Lydie était donc nouveau pour la chancellerie ninivite.

ces étoffes brodées, de fabrication principalement lydienne, que Milet, alors au point culminant de sa prospérité commerciale, répandait chez les Grecs.

Il est vrai que la tradition s'accorde à faire de l'établissement de la dynastie des Héraclides, — point de départ de l'époque semi-historique en Lydie et de l'existence d'un royaume lydien à proprement parler, car la période antérieure, celle de la dynastie fabuleuse des Atyades, doit être qualifiée de période méonienne, les Lydiens ne s'y distinguant pas encore des Méoniens, — il est vrai, dis-je, que la tradition s'accorde à faire de cet établissement un événement un peu postérieur à la guerre de Troie. Et je ne crois pas possible d'admettre qu'Ilion ait jamais été aussi complétement assyrianisée dans ses mœurs et dans sa culture que le fut la Lydie à une certaine époque. Sous ce rapport, il me semble que l'on ne peut admettre qu'en partie et avec de larges restrictions ce qu'a dit Beulé : « Je suis tenté, quand je me rappelle l'*Iliade*, de comparer Priam, avec son harem et ses cinquante fils, au roi Sargon ou au roi Sardanapale III (*Assournazirpal*), de lui ceindre la même tiare, de lui prêter les mêmes draperies brodées, la même barbe teinte et frisée à étages, de le voir sur le même char conduit par le même écuyer ; les murs d'Ilion devaient avoir les tours et les sept portes de Khorsabad ; les vieillards qui admiraient Hélène se tenaient sur des terrasses derrière des créneaux semblables aux créneaux de Ninive ; les guerriers avaient les mêmes armes, allaient à la bataille dans le même désordre, poussaient des chevaux couverts des mêmes harnais. En un mot, les bas-reliefs de Khorsabad fourniraient une illustration graphique de l'Iliade plus juste que les bas-reliefs du Parthénon. »

Mais le courant d'influence assyrienne, qui finit par produire un résultat aussi considérable en Lydie, avait commencé bien auparavant, suivant toutes les apparences dans le XIIIe siècle. C'est ce qui me semble résulter d'une manière positive de deux faits s'accordant de la manière la plus heureuse avec les dates énoncées tout à l'heure pour les progrès de la domination des Assyriens vers l'Halys. Le premier, nous le constaterons plus tard avec détail, c'est que le style des écoles d'art indigènes de l'Asie Mineure se retrouve empreint de la manière la plus frappante sur les monuments des Pélopides dans la plaine d'Argos, qui sont les vrais monuments contemporains de la ruine de la Troie homérique. Le second consiste en ceci qu'une des œuvres originales de ces écoles parvenues jusqu'à nous, le bas-relief sculpté sur les rochers du défilé de Karabéli près de Nymphi (à quelque distance de Smyrne), est certainement antérieure d'un certain temps à la fondation des villes grecques de l'Ionie. En effet les habitants de ces cités, du temps d'Hérodote, n'avaient aucune connaissance de son origine ni aucune tradition à ce sujet, de telle façon que les ciceroni du grand historien d'Halicarnasse purent le lui montrer comme un monument de Sésostris l'Égyptien.

Il est probable que la Troie de Priam n'eut jamais de relations directes et politiques avec les rois d'Assyrie. Ctésias, autorité plus que suspecte, est seul à parler d'une mention du siége d'Ilion qui se serait trouvée dans les annales ninivites et d'un secours que les Assyriens auraient envoyé aux Troyens; il faut laisser ce récit au rang des fables, que le médecin d'Artaxerce accueillait si facilement. Mais la Troie homérique ne pouvait manquer d'avoir des rapports de commerce habituel avec les pays qui, comme la Cappadoce, se trouvaient en contact journalier avec les Assyriens, soumis complétement à leur influence et au moins en partie leur payant tribut. Ces relations avec des contrées situées dans l'est, au delà de la Phrygie, étaient même connues de la légende poétique, puisqu'elle représentait un « fils de l'Aurore », Memnon, venant combattre pour la défense de Priam.

Il y a plus, dès le xve siècle les Dardaniens étaient en rapport avec la Syrie du nord, bien plus anciennement conquise à l'action de la civilisation chaldéo-assyrienne. Quand ils envoyaient leurs guerriers jusque dans la vallée de l'Oronte comme auxiliaires des Khétas habitant entre l'Amanus et l'Euphrate, ce n'est certainement pas en faveur d'un peuple inconnu, et avec lequel ils n'auraient pas entretenu des communications habituelles, qu'ils faisaient cette expédition. Et tout semble indiquer que ces relations s'étaient continuées depuis. Les Khétas n'avaient pas disparu de la région qu'ils habitaient du temps des Rhamsès, et ils y étaient toujours le peuple le plus puissant; si Teglathphalasar Ier les vainquit à la fin du xiie siècle, quarante ans après ils étaient capables d'écraser son troisième successeur Assour-rab-tsour, et de faire subir à la puissance assyrienne l'éclipse de plus d'un siècle qui permit le développement des États de David et de Salomon. Rien ne me paraît plus ingénieux que la discussion par laquelle M. Gladstone a établi, je crois, l'identité de ces Khétas avec les Kêtéens dont un passage de l'*Odyssée* fait des alliés venus de très-loin au secours de Troie, peuple dont les Grecs ne trouvaient aucune autre mention dans leurs traditions mythiques ou héroïques et dont l'identification était aux yeux de Strabon un problème impossible à résoudre. La vieille dette de Qadesch aurait ainsi été payée par les Khétas après trois siècles sous les murs d'Ilion.

Des relations prolongées de ce genre avec l'est et le sud-est n'avaient pu manquer d'avoir à la fin une influence sur la civilisation des Troyens, d'autant plus que cette influence se constate à la même époque chez les peuples voisins. Et par conséquent il faut en conclure que si l'on avait retrouvé les véritables restes de la Troie détruite par les Grecs au XIIe siècle, une partie au moins des objets exhumés de ses décombres porterait l'empreinte qui est si caractéristique dans les sculptures du genre de celles de Karabéli et de Ghiaour-Kalessi.

XXI.

Il nous faut maintenant étudier avec un soin tout particulier ce qu'apprennent, sur l'état de civilisation des îles et des côtes de la mer Égée et de la mer Ionienne, les inscriptions et les bas-reliefs qui, sur les murailles des temples des bords du Nil, rappellent les luttes des Égyptiens de la XIXe et de la XXe dynastie contre eux, dans les grands mouvements de peuples que je réunis sous le nom général de migration des Pélasges Tyrrhéniens. C'est là que nous trouverons les données les plus précises et les plus directes pour arriver à fixer approximativement la date des antiquités de Hissarlik. Ces documents ont été signalés pour la première fois à l'attention il y a sept ans par le vicomte de Rougé ; ils sont aujourd'hui l'un des grands sujets d'études des égyptologues ; M. Chabas les a tous recueillis, avec d'excellentes traductions et d'ingénieux commentaires, dans son livre récent des *Études sur l'antiquité historique d'après les sources égyptiennes*, et M. Maspéro s'est aussi occupé d'en grouper les indications avec un esprit supérieur de critique.

J'ai déjà parlé de la mention des Dardaniens avec leurs villes d'Ilion (?) et de Pédasus, dans le poëme de Pentaour, qui les range à côté des Lyciens, des Mysiens et des Cariens parmi les alliés des Khétas et les adversaires de Ramsès II. Malheureusement ce texte se borne à citer leur nom, sans entrer dans des détails plus précis à leur égard. Nous n'avons aussi qu'une mention de la première attaque que les *Tourscha* (Tyrrhéniens), unis aux Libyens, avaient dirigée un peu plus tôt sur la portion occidentale du Delta, vers la fin du règne de Séti Ier. Mais les renseignements sont plus multipliés au sujet de la guerre que le fils et successeur de Ramsès II, Mérenphtah, eut à subir au début de son règne et qui mit un moment l'Égypte dans le plus grand danger. Appelés par les *Lebou* (Libyens), qui habitaient à l'ouest de l'Égypte, sur le bord de la mer, et qui entretenaient avec eux des rapports de navigation, les peuples pélasgiques envoyèrent des troupes d'émigrants débarquer vers la Cyrénaïque et la Marmarique. Ainsi se forma une nombreuse armée, composée de guerriers des diverses nations confédérées, qu'on peut diviser en deux groupes : les peuples libyens, *Lebou* (Libyens proprement dits), *Maschouasch* (Maxyes), *Kahaka*, et leurs alliés constants les *Schardana* (Sardones), qui n'étaient peut-être pas encore établis dans l'île à laquelle ils donnèrent leur nom et où la tradition antique disait qu'ils étaient venus de la côte de Libye ; puis le groupe des gens d'au-delà de la mer, *Akaiouscha* (Achéens), *Lekou* (les Lyciens de la Grèce ou les Laconiens), *Tourscha* (Tyrrhéniens) et *Schekoulscha* (Sicules). Parmi ces derniers, l'hégémonie appartient aux *Akaiouscha*, au moins sur les *Lekou* et les *Tourscha*, fait important à propos duquel j'aurai à insister tout à l'heure. Unis ensemble, les tribus libyennes et les guerriers envoyés par les nations pélasgiques, envahirent l'Égypte par sa frontière du nord-ouest. Comme le texte égyptien l'indique en termes formels, ils venaient avec la ferme résolution, non pas de faire une simple razzia, mais de conquérir le Delta et de s'y établir. Ils pénétrèrent jusqu'à la ville de *Paarischeps* (Prosopis), où ils finirent par être écrasés. Tel est le récit qui se lit à Karnak dans une grande inscription monumentale, contemporaine des événements.

Le vaste et splendide édifice de Médinet-Abou est consacré à immortaliser la gloire des exploits d'un autre Pharaon, Ramsès III, qui vivait un siècle environ plus tard. Celui-ci eut à combattre, comme Mérenphtah, les nations libyennes et les peuples pélasgiques de l'Italie, de la Grèce et de ses îles, et de l'Asie Mineure ; mais les deux groupes de populations n'étaient plus unis dans une action commune ; ils attaquaient l'empire égyptien indépendamment l'un de l'autre, sans combiner leurs mouvements et par des côtés différents. Je n'ai que faire ici de parler de la guerre contre les Libyens. Celle contre les peuples riverains de la mer Égée eut ceci de remarquable qu'elle présenta des combats sur terre et sur mer. Les nations qui y prirent part étaient nombreuses. On nomme « les *Pelesta* du milieu de la mer », les Pélasges de la Crète, ancêtres des Philistins, *T'ekkri*, Teucriens, les *Daanaou*, les Danaëns du Péloponnèse, les *Tourscha* ou Tyrrhéniens, les *Ouaschascha*, dans lesquels M. Chabas veut voir des Osques, ce qui est impossible puisqu'on sait que le nom d'*Osci* est contracté d'une forme plus complète et plus ancienne *Opisci* ou *Opici*[1], enfin les *Schekoulscha*, ou

1. S'il fallait absolument donner une identification pour ces *Ouaschascha*, j'y verrais plutôt des Ausones, c'est-à-dire des représentants de la population proprement italiote, étroitement apparentée aux Pélasges. On pourrait aussi penser à un peuple libyen, les Auséens, s'il ne semblait pas y avoir alors séparation complète entre les

Sicules. Les deux premiers de ces peuples avaient la conduite des autres, et on dit formellement que tous furent entraînés à la guerre par les *Pélesta*, qui cherchaient à prendre pied dans la Syrie et à y former l'établissement que leurs descendants, les Philistins, possédaient en effet un siècle après sur la côte de la Palestine[1]. Une véritable émigration, composée presque exclusivement de *Pélesta*, conduisant avec eux leurs femmes et leurs enfants dans des chars traînés par des bœufs, et accompagnés seulement d'un petit nombre d'aventuriers des autres peuples, se mit en marche par terre, venant évidemment de l'Asie Mineure, et entra par le nord dans la Syrie, dont les habitants n'osèrent refuser passage à cette avalanche d'hommes. En même temps, une flotte nombreuse et bien équipée vint attaquer les côtes de la Palestine. Les vaisseaux étaient ceux des *Pélesta* et des *T'ekkri*; les *Daanaou*, les *Tourscha*, les *Schekoulscha* et les *Ouaschascha* n'avaient fourni que des guerriers, répartis entre les navires des deux autres peuples. Ramsès écrasa les envahisseurs venus par terre, dans le pays des Amorrhéens du Nord, vers le haut Oronte, puis il se retourna contre ceux que les vaisseaux apportaient par mer. La flotte du Pharaon, qui paraît avoir été montée par les Phéniciens, détruisit la flotte des Pélasges-Philistins et des Teucriens. C'est le désastre qu'un siècle plus tard les Philistins vengèrent en ruinant Sidon. Les grands bas-reliefs historiques de Médinet-Abou représentent les scènes de la défaite des émigrants *Pélesta*, sur terre, ainsi que le combat naval.

peuples libyques et pélasgiques. Il est donc plus sage de ne pas se prononcer sur ces *Ouaschascha*, qui restent un problème et qui d'ailleurs n'avaient qu'un rôle tout à fait secondaire dans l'invasion.

1. M. Chabas conteste cette identité des *Pélesta* et des Philistins, mais il paraît fort peu se douter de ce qu'étaient ces derniers, et il commet à leur sujet des erreurs étranges. Admirable égyptologue, mais trop peu au courant des progrès des autres branches de la science philologique et historique, qu'il affecte, du reste, de dédaigner, il ignore absolument les recherches fondamentales de Starke et de M. Hitzig sur les Philistins. Il ne sait rien, ni de la grande tradition qui les fait venir de la Crète, ni de l'identité établie par tous les anciens entre le Marnas de Gaza et le Zeus Crétagénès, ni de l'identité philologique si bien établie entre *Philistîm* et Πελασγοί. En revanche, l'idée que l'établissement des Philistins-Pélasges sur la côte syrienne à laquelle ils donnèrent leur nom fut la conséquence de l'invasion sous Ramsès III, idée que j'ai le premier mise en avant, a été adoptée et démontrée d'une manière définitive par M. Maspéro. Encore aujourd'hui, la population des environs de Gaza présente un nombre considérable de types blonds, qui se distinguent nettement des Sémites environnants et qui attestent l'ancienne origine des Philistins.

XXII.

Il n'est pas difficile de retrouver dans les traditions grecques la place de ces événements, et grâce au secours que nous fournissent ici les données positives des monuments de l'Égypte, nous sommes désormais en possession d'exemples qui permettent d'apprécier la part d'histoire qui dans les légendes primitives de la Grèce se mêle aux éléments purement mythologiques.

Quand on voit, sous Mérenphtah, les Achéens et les autres habitants du Péloponnèse en relations intimes et suivies avec les gens de la Libye, on ne peut manquer de se souvenir du cycle des fables libyennes sur l'Athéné Tritonis, le Poseidon libyen, les passages des Argonautes au lac Triton, et du rôle qu'elles jouent de très-bonne heure dans les légendes de la Grèce. Surtout le rapprochement s'impose entre ce débarquement d'Achéens et de Pélasges dans la Cyrénaïque ou la Marmarique, attaquant ensuite par sa frontière occidentale l'Égypte où ils cherchent à se fixer, et la tradition d'un établissement primitif de Pélasges thessaliens en Cyrénaïque, bien avant la guerre de Troie. Cette dernière tradition se présente, il est vrai, sous une forme presque exclusivement mythologique, liée d'une manière inextricable au mythe religieux de la nymphe Cyrène et de son fils Aristée. On pensait jusqu'ici qu'elle avait dû se former, comme le cycle des fables libyennes, postérieurement à la fondation de la colonie dorienne de Cyrène par Battus. Mais il faut aujourd'hui reconnaître qu'elle conservait le vague souvenir d'événements réels, de ceux que révèlent maintenant les textes égyptiens, et qu'Eusèbe n'a pas eu tort de donner une place dans sa Chronique à ces premiers établissements des Pélasges en Cyrénaïque, ce qu'il a fait sans doute d'après des ouvrages aujourd'hui perdus qui leur donnaient un caractère plus historique. Il est même à remarquer que la date à laquelle il les inscrit, 1333 avant J.-C., ne s'écarte pas trop de l'époque réelle résultant des monuments égyptiens. Ce ne sont pas là, du reste, les seuls récits légendaires qui mêlent d'une manière étrange aux Libyens des gens de la Grèce ou de l'Asie Mineure. Ne racontait-on pas qu'Aristée et ses Pélasges étaient aussi passés en Sardaigne, presque aussitôt après les Sardones d'origine libyenne? Hérodote ne fait-il pas des Maxyes, les *Maschouasch* des monuments égyptiens, une colonie de Teucriens? Il nous faut aujourd'hui forcément envisager ces légendes d'un autre œil qu'on ne l'a fait jusqu'ici et y voir des échos, corrompus et affaiblis par la distance, de faits que nous commençons seulement à connaître.

Plus frappant encore me semble le rapprochement à établir entre la confédération que Ramsès III doit combattre sur terre et sur mer, et la thalassocratie crétoise, à laquelle les témoignages d'Hérodote, de Thucydide, d'Aristote et de Strabon attribuent une physionomie positivement historique, bien qu'on la rattache au nom purement mythique de Minos, c'est-à-dire d'une des plus vieilles conceptions héroïques de la race aryenne. Dans la confédération qui attaque Ramsès III, ce sont les Philistins du milieu de la mer, c'est-à-dire les Pélasges de la Crète, qui ont l'hégémonie de la manière la plus caractérisée ; ce sont eux qui entraînent à leur suite les Danaëns, les Tyrrhéniens, les Ausones (?) et les Sicules. Possesseurs d'une marine, ils ont donc une suprématie effective sur les îles de l'Archipel, le Péloponnèse et le midi de l'Italie. En même temps les Teucriens de l'Asie Mineure prennent part à la guerre sur un pied d'égalité avec ces chefs de la confédération.

Que nous disent maintenant les traditions grecques sur la thalassocratie crétoise?

Minos, ayant formé la première marine nationale, domine les Cyclades et étend son hégémonie sur toute la Grèce. On signale des établissements crétois de cette époque dans la plupart des îles de l'Archipel ; on en place également un à Ténare en Laconie. Minos, avec sa flotte, soumet une partie de la Sicile, où il lutte contre les Sicanes, les rivaux des Sicules, et il y fonde Héracléa-Minoa et Engyon. De son temps et immédiatement après lui, les Crétois dominent sur la Iapygie, où ils bâtissent Hyria, Brentesion et Tarente. Son frère Rhadamanthe réunit sous son sceptre une partie de la côte d'Asie Mineure aux îles septentrionales de l'Archipel. Enfin son autre frère, Sarpédon, se forme un royaume indépendant, mais allié, en Lycie et dans une portion de la Carie et de l'Ionie. Ainsi la thalassocratie que les monuments égyptiens nous montrent contemporaine de Ramsès III, et celle que la légende grecque attribue à Minos, ont le même centre et embrassent les mêmes contrées. Il me semble assez difficile de ne pas les identifier.

Pourtant la tradition sicilienne, recueillie par Thucydide, disait que les Sicules, étroitement apparentés aux Latins, n'avaient passé dans l'île, habitée jusqu'alors par les Sicanes de race ibérique, qu'après la guerre troyenne, 300 ans avant l'établissement des premières colonies grecques dans le pays, c'est-à-dire vers la fin du XIe siècle, ce qui coïncide à peu de chose près avec la date qu'adoptait aussi l'historien national Philistus. Par contre, Hellanicus en faisait un événement antérieur de plusieurs générations au siége de Troie. Avant cette émigration les Sicules habitaient le Latium et s'étendaient encore plus au sud. On serait assez tenté de croire qu'à l'époque où ils prirent part à la lutte contre Ramsès III, ils étaient encore en Italie, avec les Ausones et les Tyrrhéniens, auxquels il est très-naturel de les voir associer. Mais ne serait-ce pas seulement un souvenir de rapports entre les thalassocrates crétois et les Sicules, habitant encore l'Italie, qui aurait ensuite donné naissance aux récits qui faisaient aller Minos en Sicile? Il est remarquable que Thucydide n'en fasse aucune mention dans son rapide résumé de l'histoire primitive de cette grande île.

Quant aux Tyrrhéniens, il n'ont plus au temps de Ramsès III le caractère de peuple en pleine migration, qu'ils avaient sous Mérenphtah; ce ne sont plus eux qui tiennent la mer, et ils n'apparaissent dans la confédération qu'à un rang secondaire, comme un peuple qui n'a fourni qu'un faible contingent et qui est assez désintéressé dans la question. Tout ceci semble indiquer que dès lors la masse de leur nation avait trouvé en Italie le lieu d'établissement longtemps cherché par elle. L'établissement de la thalassocratie crétoise était d'ailleurs un fait qui n'avait pu se produire que dans un état de choses plus régulier, après que les diverses populations en mouvement sur la mer depuis près de deux siècles avaient commencé à retrouver leur assiette. Seuls, à ce moment, les *Pélesta* étaient encore en pleine migration; ce sont eux qui cherchaient de nouvelles demeures. Il est évident que le gros de la migration, ceux qui descendaient par terre dans la Syrie, ne pouvait pas venir de la Crète. C'étaient des tribus pélasgiques, sœurs de celles qui, peut de temps auparavant, étaient venues renforcer les Étéocrètes et les aider à expulser les Phéniciens, mais sans doute restées en arrière dans l'Asie Mineure, dans la région d'où étaient sortis déjà les Tyrrhéniens et les *Pélesta* de Crète. Seulement c'est sous l'impulsion et sur l'appel de ces derniers qu'ils se mettent en marche pour venir occuper la côte syrienne en face d'eux; ce sont leurs frères de la Crète qui les dirigent, qui viennent les soutenir par mer et qui convoquent les autres peuples à aider leur établissement. C'est ainsi que plus tard on put les dire sortis de la Crète, ou, pour parler le langage de la Bible, de l'île de Caphthor, lorsque après leur défaite le Pharaon leur eut assigné des demeures à titre de vassaux, car il fallait bien qu'il fît quelque chose du peuple tout entier que la victoire avait livré prisonnier entre ses mains.

S'il est un fait d'histoire primitive sur lequel les traditions de la Grèce s'accordent d'une manière frappante, c'est incontestablement la substitution de la dynastie de Danaüs sur le trône d'Argos à la dynastie pélasgique d'Inachus et de Phoronée, trois siècles avant la guerre de Troie et 162 ans environ avant la venue de Pélops. On sait que presque seule en Grèce l'histoire d'Argos avait dès une époque très-reculée une sorte de chronologie, par le moyen des listes sacerdotales. Or nous venons de voir que, dans l'attaque contre l'Égypte, qui eut lieu sous le règne de Mérenphtah, l'hégémonie sur les gens venus de Grèce appartenait aux *Akaiouscha*, c'est-à-dire aux Achéens, que Denys d'Halicarnasse, d'accord avec Hérodote, identifie aux anciens Pélasges d'Argos. Mais dans les événements du règne de Ramsès III le nom des *Akaiouscha* ne figure plus, et leur place est remplie par les *Daanaou*, dont le nom est manifestement celui de Δαναοί. Ainsi l'appellation de Danaëns se substitue sous Ramsès III à celle d'Achéens, pour désigner les habitants du Péloponnèse. La coïncidence de ce changement avec celui que produisit la substitution de la dynastie de Danaüs à celle d'Inachus sur le trône d'Argos est trop frappante pour qu'on puisse l'attribuer à un simple hasard. Elle avait été déjà remarquée par ceux des prêtres égyptiens qui s'efforçaient de raccorder les traditions des Grecs à leur propre histoire, comme Manéthon à la cour des Ptolémées ; car, profitant de l'idée de l'origine égyptienne de Danaüs, que l'école des égyptologues du temps d'Hérodote avait déjà répandue en Grèce, ils faisaient de ce personnage le frère de Ramsès III, obligé de fuir à la suite d'une conspiration qui nous est bien connue maintenant par les procès-verbaux de l'enquête judiciaire, contenus dans un papyrus du Musée de Turin. Il me semble que l'on devra tirer du fait que je signale un synchronisme qui servira de point d'attache pour la chronologie argienne, et qu'en même temps on peut, d'après cette donnée, établir une certaine approximation de la distance qui sépare dans le temps, de l'avénement des Pélopides et de la prise de Troie, le moment où les images des habitants de la Grèce, des îles et de la Troade ont été sculptées sur les murailles de Médinet-Abou.

La substitution du nom de Teucriens sous Ramsès III à celui de Dardaniens employé sous Ramsès II, est aussi curieuse que la substitution du nom de Danaëns à celui d'Achéens. Dans la liste traditionnelle des rois de Troie, Dardanus précède Teucer, et Dardanus est en Troade avant que Danaüs ne s'établisse à Argos. Hérodote connaît une époque où les Teucriens, plusieurs générations avant les guerres troyennes, ont été le peuple prépondérant de l'Asie Mineure occidentale, où ils ont étendu leur puissance au delà de la mer, sur le continent européen, jusqu'à la mer Ionienne à l'ouest et jusqu'au Pénée au sud, par suite en contact avec les populations de l'Italie, dont ils n'étaient plus séparés que par une mer étroite. On voit qu'il y a autant d'éléments dignes de sérieuse considération et déjà confirmés dans les souvenirs troyens que dans les traditions argiennes. En général l'histoire critique doit accorder toute son attention aux généalogies héroïques de la Grèce; elles conservent plus d'une donnée réelle, et pour en bien apprécier la valeur il faut les envisager à leur véritable point de vue. La plupart du temps elles ont le même caractère que les vieilles généalogies arabes et que celles de certains chapitres de la Bible. Les noms donnés comme ceux d'individus y correspondent à des couches successives de population ou à des époques d'histoire. La succession des événements représentés par ces noms y est fidèlement observée, si le souvenir de la distance respective des événements entre eux s'est fort oblitérée et si elle est souvent raccourcie ou allongée. En un mot, on y retrouve un squelette d'histoire encore assez facilement saisissable, mais non une chronologie.

XXIII.

Il serait bien curieux d'avoir des figures des Achéens qui envahirent la basse Égypte sous Mérenphtah ; peut-être quelque jour les fouilles des bords du Nil en rendront-elles à la lumière. Mais dans l'état actuel c'est par une inscription seulement que nous connaissons l'événement, et aucun bas-relief n'accompagne cette inscription. Du moins elle fournit l'énumération assez détaillée du butin fait sur les Libyens, les Achéens et leurs confédérés, et ce butin donne quelque idée des habitudes et de l'état de civilisation des vaincus. Il y a des vases de poterie et de métal, or, argent et bronze, en grand nombre, des parures de femmes, des poignards allongés ou épées courtes en bronze, des arcs et des flèches, des boucliers. On dirait presque une énumération des objets découverts par M. Schliemann à Hissarlik. Signalons pourtant une pièce du butin qui manque aux trouvailles de la Troade et qui, en effet, devait être spéciale aux Achéens. Sur le champ de bataille de Prosopis, les soldats égyptiens ramassèrent une pièce d'armure défensive qu'ils n'avaient encore jamais vue. Elle n'avait pas de nom dans leur langue, et en énumérant le butin le scribe s'est contenté de la dessiner, profitant de la facilité que lui donnait ici le génie de l'écriture hiéroglyphique, qui admettait les images directes d'objets. Il n'y a pas à se méprendre devant la figure qu'il en trace, c'est la cnémide. Ainsi les *Akaiouscha*, qui dans le xve siècle avant notre ère attaquaient l'Égypte, méritaient déjà l'épithète d'εὐκνήμιδες Ἀχαιοί.

Mais ils n'étaient pas encore καρηκομόωντες. En effet, rien de pareil à un casque à aigrette n'apparaît dans le costume des Pélasges-Philistins, des Teucriens, des Danaëns ou des Tyrrhéniens vaincus par Ramsès III, et dont la représentation, soit comme captifs, soit dans des scènes de guerre, figure en tant d'endroits du palais de Médinet-Abou. Qu'elles y

VAISSEAU DES NATIONS PÉLASGIQUES DU TEMPS DE RAMSÈS III.

combattent à pied ou sur leurs navires [1], toutes ces populations sont vêtues, armées et équipées de même [2]. Leurs guerriers portent une sorte

1. On remarquera que ces vaisseaux sont imités de ceux des Phéniciens qui composent la flotte du Pharaon. Mais ce qui y est propre, c'est que l'avant s'en termine en chénisque, idée déjà bien grecque.

2. Je ne parle pas ici d'un autre peuple, qui occupe seul plusieurs vaisseaux de la flotte. Son accoutrement est fort différent. Il a un bouclier plus grand et combat avec la lance ; surtout il est coiffé d'un casque à cornes presque semblable à celui qui est attribué d'ordinaire aux Sardones. Seraient-ce des mercenaires de ce peuple, que les *Pélesta* auraient pris à leur service, comme les Égyptiens en avaient de leur côté dans leur armée ? La question est extrêmement douteuse et difficile, car nous avons dans une autre partie du palais de Médinet-Abou les portraits des chefs de tous les peuples énumérés comme ayant pris part à la guerre, et aucun n'a un équipement analogue, si ce n'est le chef des Sardones, lesquels ne sont pourtant mentionnés qu'à propos de l'attaque des populations libyennes, faite indépendamment de celle des nations pélasgiques et sur un autre point.

de cuirasse d'étoffe ou de justaucorps très-serré, d'un tissu rayé ou quadrillé, sans manches et avec de simples épaulières, au-dessous de laquelle passe une courte tunique. Ils ont comme arme offensive une épée droite à la lame large et courte, à deux tranchants, de la même forme que les poignards de bronze exhumés en Troade et les dagues du même métal que l'on rencontre dans les plus anciens tombeaux de Chypre ; sur terre ils combattent aussi avec la lance. Au bras gauche ils ont un bouclier rond de dimensions médiocres, de la forme typique du bouclier argien, tenu par deux courroies en anneau, dans l'une desquelles est engagé l'avant-bras, tandis que l'autre, placée au centre, est saisie

GUERRIERS PÉLASGES MONTÉS SUR DES CHARS ET ATTAQUÉS PAR LES ÉGYPTIENS.

par la main ; ce bouclier peut aussi se porter dans certains cas suspendu derrière les épaules pour laisser les mouvements des deux bras libres, comme celui des héros d'Homère. Ces armes et ce costume sont communs à tous les peuples pélasgiques et italiotes énumérés. Ce qui les distingue entre eux, c'est la coiffure.

Les Tyrrhéniens ont un bonnet ou casque pointu, exactement pareil au *tutulus* étrusque et surtout au casque qu'on voit à tant de têtes sculptées de travail cypriote. Au Louvre, au Musée Britannique, dans toutes les collections riches en antiquités de Chypre, on peut étudier des statuettes de terre cuite bariolées de diverses couleurs, qui sont caractéristiques des plus vieux tombeaux de l'île, de ceux de la période antéphénicienne, et qui ne représentent pas plus d'un seul degré de progrès dans l'imitation de la figure humaine au-dessus des informes idoles troyennes de M. Schliemann. La plupart représentent un guerrier barbu

TÊTE DU CHEF DES TYRRHÉNIENS[1].

à cheval. Qu'on le mette en regard d'une des planches des grands ouvrages de Champollion, de Rosellini ou de Lepsius où sont reproduits

TERRE CUITE PÉLASGIQUE DE CHYPRE.

les chefs des *Tourscha* ou Tyrrhéniens captifs, sculptés à Médinet-Abou, et l'on sera frappé de l'identité absolue. C'est la même barbe pointue,

1. C'est d'après les *Notices descriptives* de Champollion que nous donnons les êtes des trois chefs des Tyrrhéniens, des Teucriens et des Sicules. Il a vu, en effet, et dessiné ces figures quand elles étaient mieux conservées qu'aujourd'hui.

le même casque, le même justaucorps rayé, et quand le personnage est muni de cette armure, le même bouclier rond, nous avons là sans aucun doute possible deux représentations des mêmes guerriers dues à deux sources différentes et concordant exactement. Aussi je n'hésite pas à donner la qualification de pélasgiques aux statuettes en question, qui nous font assister aux premiers débuts de l'art local de Chypre, lorsqu'il était encore bien grossier, mais exclusivement indigène et en dehors de toute influence égypto-phénicienne ou assyrienne, comme celui des objets de Hissarlik.

Dans quelques-unes des terres cuites de Chypre, le guerrier à cheval, tout en gardant la même cuirasse d'étoffe rayée et le même bouclier

TERRE CUITE PÉLASGIQUE DE CHYPRE.

rond, a sur la tête, au lieu du casque en *tutulus*, une sorte de toque ou de turban. C'est manifestement le turban côtelé qu'on voit à certaines têtes cypriotes en pierre calcaire de la collection Lang (Musée Britannique), de la collection Cesnola (Musée de New-York) ou de la série rapportée au musée du Louvre par M. le comte de Vogüé, têtes dont quelques-unes descendent, d'après leur style, jusqu'au seuil de la période d'art toute grecque inaugurée par Évagoras. Mais c'est aussi non moins sûrement la toque ou turban d'étoffe à côtes de couleurs alternées qui coiffe dans les sculptures de Médinet-Abou les Pélasges-Philistins et les Danaëns. Ainsi l'ancien accoutrement commun aux populations pélasgiques, abandonné partout ailleurs et conservé seulement en Chypre, avait fini par devenir un costume spécialement cypriote, ce costume que, par une circonstance curieuse, Eschyle, dans ses *Suppliantes*, attribue aux filles de Danaüs arrivant à Argos, et qui, dit-il, était plus voisin de celui des femmes libyennes que de celui des femmes grecques. La seule modification qu'on observe, quand on compare les bas-reliefs de Médinet-Abou aux têtes sculptées de travail cypriote, c'est qu'avec le temps le turban s'est abaissé et n'a plus la même hauteur.

Les Teucriens ont sur la tête une toque analogue, mais non plus à côtes et moins rigide; l'étoffe, laissée davantage au mouvement naturel

TÊTE DU CHEF DES TEUCRIENS.

de sa souplesse, tend à se courber en tombant un peu sur le devant et sur le derrière. Il est facile de voir qu'une très-légère modification, qui semble due à une influence de mode venue de l'intérieur de l'Asie, suffira pour amener cette coiffure au type de la mitra phrygienne, devenue dans les œuvres de l'art grec le bonnet classique des héros

TÊTE DU CHEF DES SICULES.

troyens. Quant aux Sicules, ils portent déjà le long bonnet de laine brune, tombant replié par derrière, qui est resté jusqu'à nos jours la coiffure des matelots de l'Italie méridionale et de la Sicile.

Une connexité étroite existe donc entre les représentations des peuples pélasgiques de la Grèce, des îles et de l'Asie Mineure, à la fin du XIVe siècle avant notre ère, sur les monuments égyptiens et les premières antiquités cypriotes, qui ont elles-mêmes tant d'affinités avec celles que M. Schliemann a trouvées en Troade. Quand bien même, ce qui me semble en quelques points, les représentations de Médinet-Abou feraient entrevoir un certain progrès sur l'état de choses révélé par les fouilles de Hissarlik, lequel serait ainsi un peu antérieur, ce serait un progrès médiocrement sensible et dans la voie que cette civilisation originale suivait déjà. L'évolution nouvelle, produite par l'exemple de pays étrangers et plus civilisés, que tant de monuments permettent de suivre dans les Cyclades, à Chypre et à Rhodes, n'est pas encore commencée. Les figures sculptées par les ordres de Ramsès III déterminent la dernière époque à laquelle on puisse admettre les populations de la Grèce et des côtes de l'Asie Mineure vierges encore de l'influence égypto-phénicienne ou assyrienne, comme les habitants de la Troade apparaissent à Hissarlik.

Mais, remarquons-le, par le synchronisme même que j'ai essayé d'établir avec les annales traditionnelles d'Argos, les Teucriens vaincus par Ramsès III sont de deux siècles au moins antérieurs à la guerre de Troie ; ils sont même antérieurs à l'établissement des Pélopides en Grèce. Or, c'est précisément dans cet intervalle qu'eurent lieu dans la civilisation des contrées sises de l'un et de l'autre côté de la mer Égée, sous l'influence de modèles étrangers, des changements et des progrès décisifs qui portaient en germe bien des progrès ultérieurs. Nous en avons la preuve par les monuments si remarquables laissés par les Pélopides à Mycènes et dans la plaine d'Argos. Ces monuments fournissent des témoignages certains de ce qu'était la civilisation, du point qu'elle avait atteint et du caractère dont elle était marquée au temps où se produisit la guerre de Troie. Nous consacrerons un second essai à les étudier, en les comparant aux monuments analogues de l'Asie Mineure, et nous rechercherons si la Troade n'offre pas précisément quelques vestiges qui appartiennent à la même période du développement des contrées situées sur les deux rives opposées de la mer Égée. Nous examinerons aussi le cycle des traditions demi-historiques, demi-mythiques, relatives aux Dardaniens, Teucriens et Troyens, pour voir s'il n'est pas possible, dans ce cycle même, de trouver pour les antiquités de Hissarlik une place plus convenable que la guerre chantée dans les poésies homériques. Enfin un troisième essai aura pour objet la comparaison de ces antiquités avec celles de notre âge de bronze occidental. C'est, en effet, à ce point de vue qu'elles offrent le plus grand intérêt, et je crois qu'elles peuvent fournir des éléments précieux à l'élucidation du difficile problème des origines de la civilisation particulière de cet âge du bronze.

XXIV.

Dans ces nouvelles parties de notre étude, dont nous remettons la publication à une époque un peu plus tardive, l'emploi de la méthode comparative, qui est la seule solide et scientifique en archéologie, nous conduira à la même conclusion que dans le présent et premier essai. La ville dont M. Schliemann a si heureusement retrouvé et exhumé les débris ne saurait être la Troie homérique ; c'est une ville dardanienne d'une époque notablement plus reculée.

Si quelques-uns des faits que j'ai essayé d'établir dans ce mémoire sont de nature à donner encore matière à des discussions sérieuses ; si, en particulier l'existence d'inscriptions analogues à celles de Chypre sur des fusaïoles et des vases de Hissarlik est appelée à rencontrer de l'incrédulité parmi les savants les plus autorisés et ne pourra être définitivement affirmée que d'après l'examen des originaux — et il ne m'a été donné d'en parler que sur la foi de dessins — je crois, du moins, que les grandes lignes historiques de mon travail seront reconnues exactes, que ma conclusion est solidement établie. Et c'est avec une vive satisfaction que j'ai vu parvenir également à cette conclusion, d'une manière indépendante et en grande partie par d'autres arguments, un archéologue aussi habile et aussi connaisseur que M. Conze.

Ma manière de voir et d'apprécier les antiquités de Hissarlik, quant à la date, à l'origine et au rapport avec les poëmes homériques, est donc entièrement différente de celle de M. Schliemann. Je ne crois pas qu'il ait rendu au jour la Troie d'Homère, et sur ce point je conteste formellement son idée la plus chère. Mais cette divergence ne m'empêche pas de rendre la plus éclatante justice à la valeur des documents que ses recherches, poursuivies avec un zèle digne des plus grands éloges, ont fourni à la science. Il est bien rare de rencontrer des particuliers qui sachent consacrer tant de temps, d'argent, d'efforts énergiques et persévérants à l'élucidation d'un problème historique et archéologique. A lui seul et à ses propres frais, M. Schliemann a exécuté en Troade des fouilles dont on eût cru que la réalisation ne pourrait être l'œuvre que d'un grand gouvernement. Si ces fouilles n'ont pas, dans mon opinion, donné le résultat précis qu'il en attendait, elles en ont produit d'autres, dont le prix n'est pas moindre pour les études. Les découvertes de Hissarlik ont une importance réelle et de premier ordre. Elles jettent des lumières infiniment heureuses sur les antiquités des peuples pélasgiques et y fournissent des têtes de séries de la plus haute valeur. Les archéologues doivent donc tous une grande reconnaissance à M. Schliemann pour ses vaillants travaux, et son nom demeurera inscrit à un rang des plus distingués parmi ceux des hommes qui ont bien mérité de la science des antiquités.

PARIS. — J. CLAYE, IMPRIMEUR, 7, RUE SAINT-BENOIT — [1861]

www.ingramcontent.com/pod-product-compliance
Ingram Content Group UK Ltd.
Pitfield, Milton Keynes, MK11 3LW, UK
UKHW021111200726
13857UKWH00003B/1173

9 782012 394414